三島由紀夫と死んだ男

森田必勝の生涯

秀明大学出版会

序文扉

序文

あの日（一九七〇・十一・二十五）から五十年が経過しようとしております。

実に半世紀という長年月でありますが、短くも感じる五十星霜でした。

この期間に野分祭をはじめ、多くの方々の御弔問等、心暖まる激励を賜わり、今日があることに心から御礼申し上げます。

この度五十年祭を記念して、犬塚潔様の格別の御高配を煩わし、本書を出版して頂く運びとなりました。

感謝感激の極みです。

亡弟必勝《まさかつ》は憂国の情念、断ち難く、若年、二十五歳にして、三島先生共々諫死をとげ世に訴えました。

その思いの一端をお汲みとり頂ければと、お願い致します。

意を尽しませんが、感謝をこめて御挨拶と致します。

合掌

森田　治

三島由紀夫と死んだ男——森田必勝の生涯　目次扉

造本　真田幸治

三島由紀夫と死んだ男

――森田必勝の生涯

はじめに——一冊のアルバムから

昭和四十五年十一月二十五日、楯の会隊長三島由紀夫は、学生長森田必勝と楯の会々員三人とともに、東京市ヶ谷の陸上自衛隊東部方面総監室において、益田兼利陸将を拘束し自衛隊隊員への演説をさせるように要求した。三島は憲法改正などを訴えた後に割腹自決し、森田もこれに続いた。世にいう「三島事件」（「楯の会事件」）である。

森田はなぜ三島と死んだのか。そして三島はなぜ森田と死んだのか。本書では森田の生涯を検証し、この問題への答えを導き出したいと思う。

森田必勝（「ひっしょう」は通称で、本名は「まさかつ」）は、昭和二十年七月二十五日、三重県四日市市大治田に生まれた。父和吉（明治三十三年生）は小学校校長であり、母たま（明治三十九年生）は女学校の代用教員。長女富士子（大正十四年生）、長男治（昭和四年生）、次女高根（昭和九年生）、三女妙子（昭和十一年生）の五人兄姉の末っ子である。「必勝」という名前は、太平洋戦争に必ず勝つことを祈願してつけられた名前であった。

昭和二十三年一月、森田が二歳の時に父和吉が結核で死去。そして同年七月に母たまが腹膜炎にて死去した。この時、長女はすでに嫁いでおり、残された一家の家計は長男の治が行商で支えた。次女の高根が母親代わりだったという。治はその後、中学校の英語教師として働いた。森田は昭和二十七年に四日市市立河原田小学校へ入学。小学五年の時に治は結婚し、共稼ぎとなっている。そして昭和三十三年、森田は私立海星中学校（男子校）に入学し、昭和三十六年、海星高等学校に進学した。

四日市市大治田の森田家には、森田が作成した一冊のアルバムが残されていて、そこには生後七ヶ月から高校二年生までの森田の写真が収められ、それぞれに本人よる説明文が付いている。これはたまたま幼い頃から

アルバムの表紙

のアルバムがあって、そこに解説を入れたものではない。高校二年生より後のいずれかの時期に、未整理の写真の中から森田自身が写真を選んでアルバムに貼り付け、説明文を書き入れたものと考えられる。なぜなら、アルバムの一ページ目は昭和三十七年夏、東京タワーの下で撮られた高校二年生の写真で始まり、選ばれなかった多くの写真が袋に入れて保存されていたからである。

一ページ目の森田の説明文は以下の通り。

S.37・夏休み.
高二・東京タワー下.
タローと、どちらが男前かって?
そりゃ・・・君だい.
細いのはいて、いいと思ってるんだから
始末が悪いや.

アルバムの二ページ目には森田家の集合写真があり、写真の裏に毛筆で「昭和二十一年二月二十四日　必勝七ヶ月」と書かれ、

「1945/7月24日/出生/左より/父/姉(妙子)/姉(富士子)/母/私/姉(高根)/兄/森田家一族」という記述のあとに、「うめぼしのような顔して何を考えてるのかな?/現在の俺を誰が想像しただろう?(調子よ過ぎるぞ)」

S.37・夏休み
高一・東京タワー下.
タローと どっちが男前かって?
そりゃ……君だい
細いのはいいと思ってるんだから
始末が悪いや

東京タワーの下で

森田家の集合写真（赤ん坊が森田）

とある。

ここで興味深いのは、森田の生年月日は昭和二十年七月二十五日だということである。これについて森田の長兄治は、森田の著書『わが思想と行動』（日新報道、昭和四十六年）の「まえがきにかえて」に「弟は昭和二十年七月二十五日、三重県四日市市大治田町九〇五番地に生を享けた」と記し、二〇〇二年刊行の新装版の「新装版に寄せて」でも、「弟は一九四五年七月二十五日、三重県四日市市大治田二―七―二一に生をうけた」としている。筆者は治に、七月二十四日と七月二十五日のどちらが正しい生年月日かを尋ねたことがあるが、森田の戸籍謄本を示して、七月二十五日が正しいと教えて下さった。

それでは、森田が自分の誕生日を「7月25日」と書かずに「7月24日」と書いたのはなぜであろうか。このアルバムが作られたのが、高校二年生より後の時期ということを考えれば、日付を間違えたわけではないことは明らかだ。

思うに、終戦後間もない時期とはいえ、この写真は森田家全員が揃った最も穏やかな一時期に撮られたものであろう。森田は母に優しく抱かれ、写真からは二年数ヶ月後に父母ともに死去して、森田家に苦難が持ち受けている未来の予兆など微塵も感じられない。この写真を前にして生年月日を書く際に、森田は「7月25日」という日付を嫌って、わざと「7月24日」と書いたのではなかっただろうか。なぜなら森田の誕生日は母の命日でもあったからだ。すなわち昭和二十三年七月二十五日、森田の三歳の誕生日に母は亡くなったのである。

森田が作成したアルバムには十三ページで三十一葉の写真が使用されている。ページ数の割合は、幼少時期の家族写真が一ページ、小学生が四・五ページ、中学生一・五ページ、高校生六ページ、写真の数は、小学生

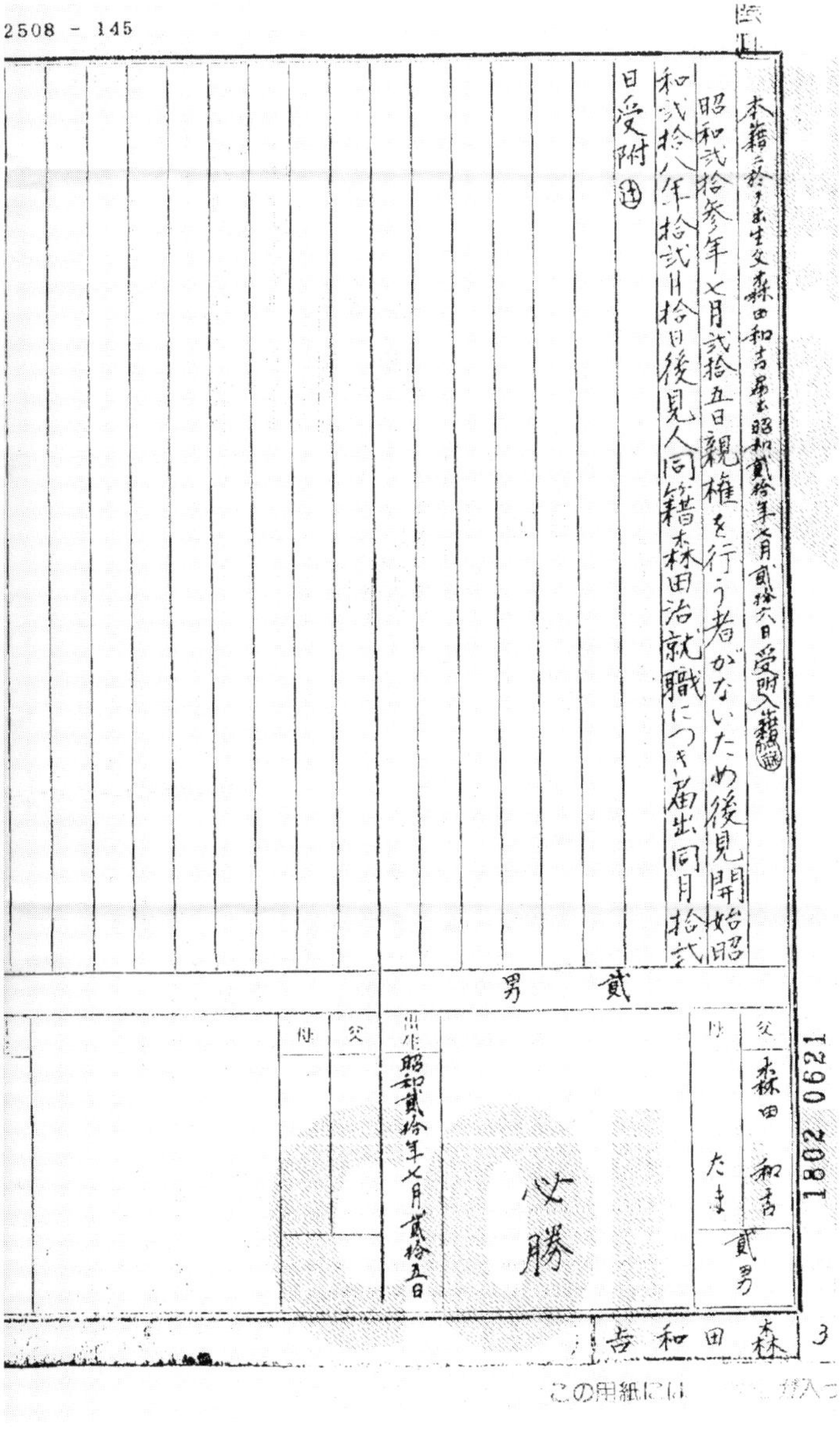
2508 - 145
本籍で於て出生父森田和吉届出昭和貳拾年七月貳拾六日受附入籍
昭和弐拾参年七月弐拾五日親権を行う者がないため後見開始昭和弐拾八年拾弐月拾日後見人同籍森田治就職につき届出同月拾弐日受附
貳男
父 森田和吉
母 たま
貳男
出生 昭和貳拾年七月貳拾五日
必勝
1802 0621
森田和吉 3
この用紙には

戸籍謄本

が十三枚、中学生が三枚、高校生が十四枚であった。写真の大きさ、集合写真か個人写真かの相違もあるが、中学時代の写真の枚数が極端に少ないのは、森田にとって楽しい時代ではなかったからかもしれない。治が「母親代りに面倒をみてくれた姉の結婚は、少年時代の弟にかなり大きな影響のあったことは否めない」と指摘するように、小学校高学年時の姉高根の結婚は、その後の中学での森田に影響を与えていたとも考えられる。

アルバムの三ページ目は、昭和二十六年四月の四日市市立河原田小学校の入学式の写真である。森田の説明文は「未来の総理大臣河原田小学校に現わる．(掃じ大臣のまちがいでした)」。また、アルバムの五ページ目の下段の左側に小学五年生時の写真があり、次のように書いている。

働ての父　治兄貴と．
どう見ても………．
実に偉大な兄である．
(ほめておかないとこづかいがもらえなくなるってかわいそうに)

森田は誰のためにこのアルバムを作成したのだろうか。自分のために作成したのはもちろんであるが、説明文は誰かに読まれることを想定して書かれたようにも思える。森田が残したメッセージは、兄治に対する感謝の気持ちを表したものが多いので、自分以外にこのアルバムを見る人物として、治を想定していたのかもしれない。

なお治は、「弟は旅行を好んだ。九州へ自転車で旅をし、北海道への無銭旅行を実施した。試練と冒険を自

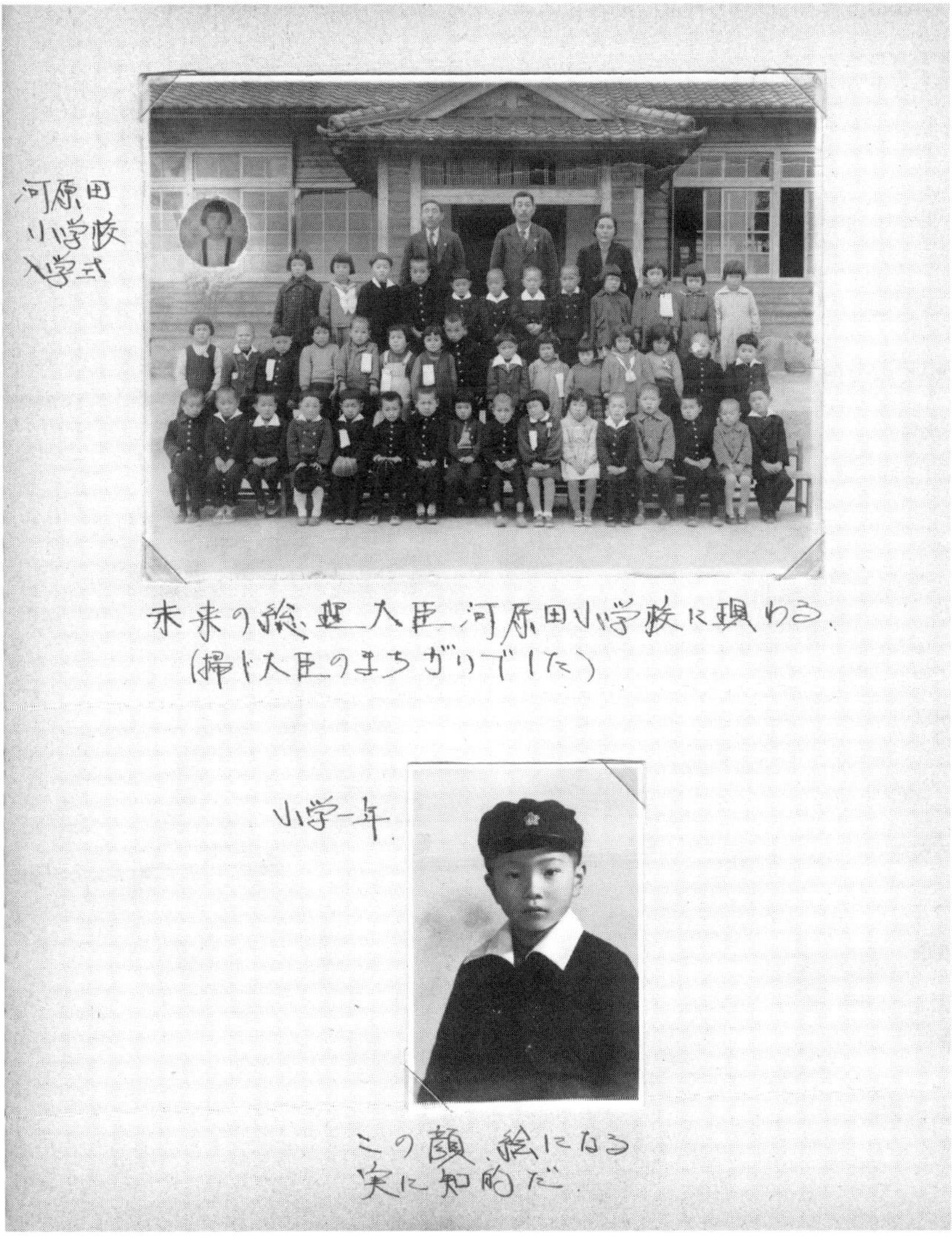

小学校の入学式（集合写真は２列目右から７番目が森田）

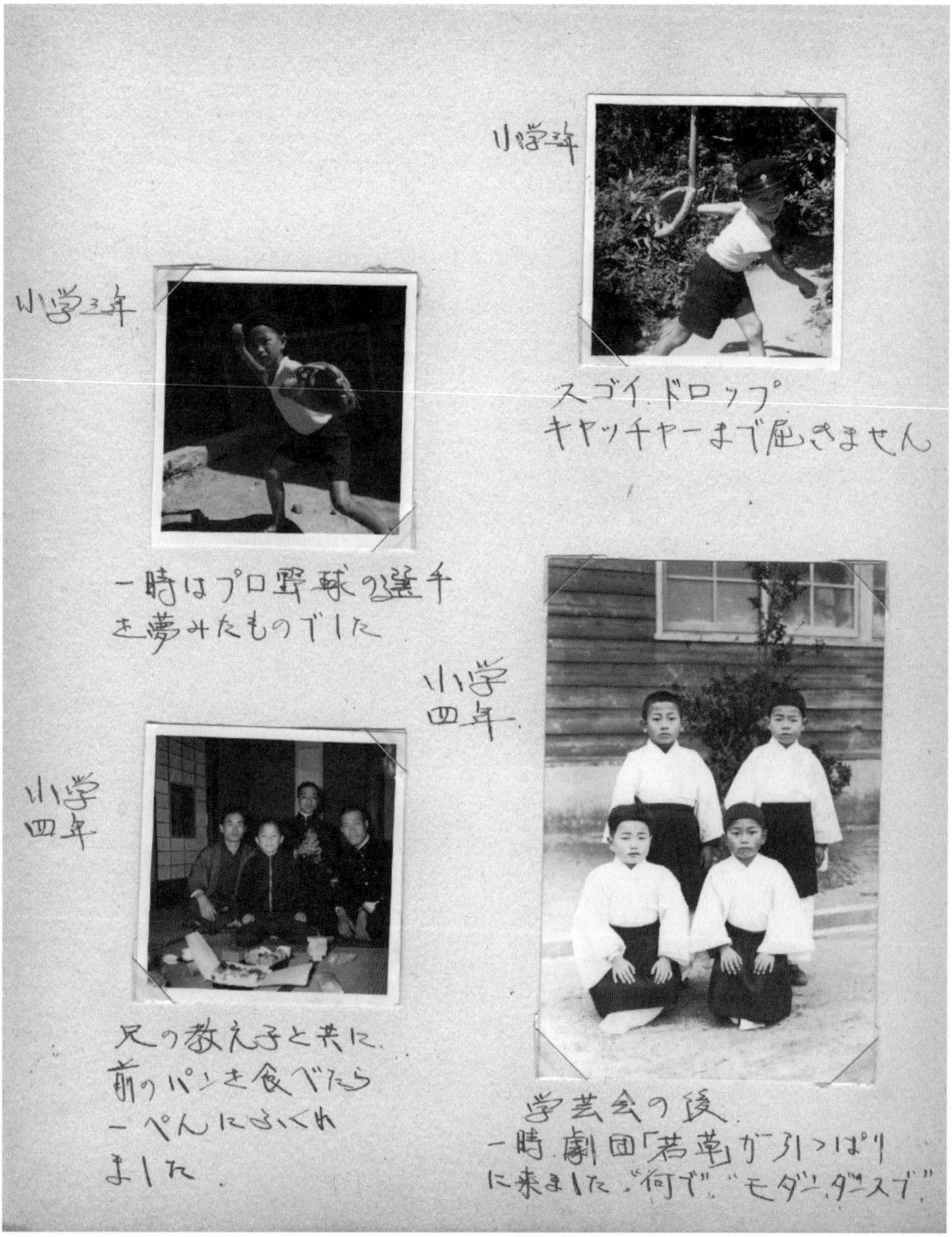
小学三年
スゴイ ドロップ
キャッチャーまで届きません
小学三年
一時はプロ野球の選手
を夢みたものでした
小学四年
小学四年
兄の教え子と共に
前のパンを食べたら
一ぺんにふくれ
ました
学芸会の後
一時 劇団「若草」が引っぱり
に来ました。"何で"、"モダン・ダンス"

小学校時代

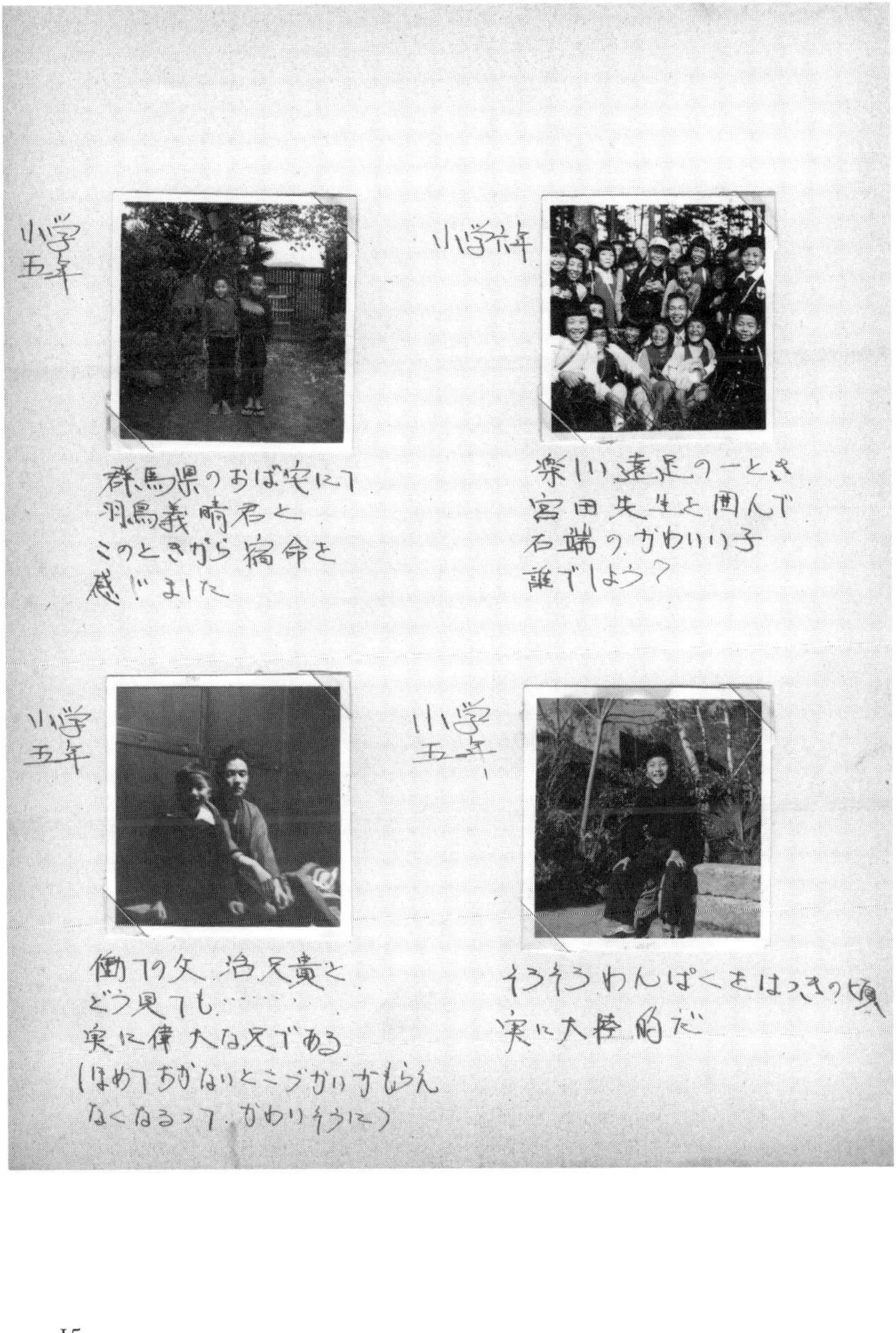
小学五年
群馬県のおば宅にて
羽鳥義晴君と
このときから宿命を
感じました
小学六年
楽川遠足のひととき
宮田先生を囲んで
石端の かわいい子
誰でしょう?
小学五年
働ての父、治兄貴と
どう見ても……
実に偉大な兄である
(ほめてあげないとこづかいがもらえん
なくなるって、かわいそうに)
小学五年
そろそろわんぱくをはっきの頃
実に大将的だ

中学校卒業式（前列右から5番目が森田）

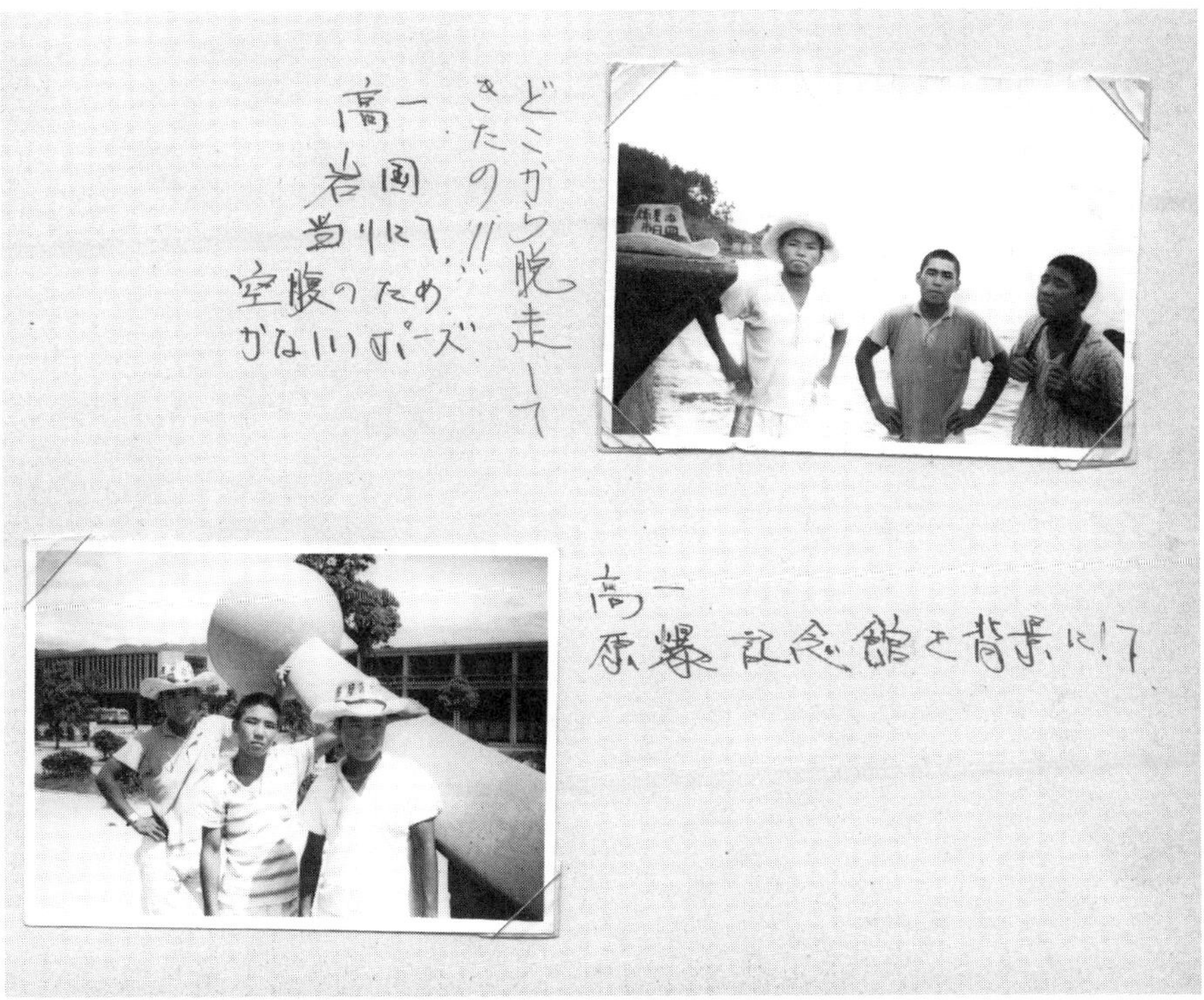
どこから脱走してきたの!!
高一
岩国
当りにて
空腹のため
力ないポーズ
高一
原爆記念館を背景にして

高校時代

ら求め、好んでいたといえよう。多くの夢をもち続けていた。詩人を夢にえがき又政治家を目指す志が、旅する中でめばえてきたのであろう。一面、所謂腕白小僧的でもなく常に友好的な交際を続けている。高校時代の連続二年間の生徒会々長就任は、思想的な背景はともかく、人生の未来図を政治家にえがいた端的なあらわれであったのではないか。そして早大進学の強固な希いを持つにいたったのである」と回想している。

ちなみに、森田は高校一年生と高校二年生の写真を並べて「一年ちがいでこうも人相が変るとは怪しいぞ・」と記し、高校二年生の写真の裏面には当時の森田の自筆署名が残されている。

このアルバムに写っているのが、三島とともに自決した森田だと知らなければ、どこにでもいる元気な少年という印象しかない。高校一年の夏休みの友人三人での九州への自転車旅行、高校二年の北海道へのヒッチハイクの旅行、高校二年二学期からの生徒会長。こうした高校生活を通して垣間見える森田の人となりは、「純粋」そして「単純」であろう。奇しくも三島は、第一回楯の会体験入隊を「純粋性の実験」と表現しているが、森田は早くからその素地があったことになる。

また、森田は十六～七歳の日記に「お母さんのいる天国へ僕も行こうか」（昭和三十七年五月十一日）、「死にたくないが、死についてすごくあこがれる」（昭和三十七年十月十九日）と記している。森田にとって「死」は無ではなく、死後の世界を認識していた。あるいは、学んだ中学と高校がカソリック系であったことも彼の死生観に影響していたのかもしれない。そしてこの後、森田は二年間の浪人生活を経て早稲田大学に入学。彼の人生を大きく変える三島と出会うことになる。

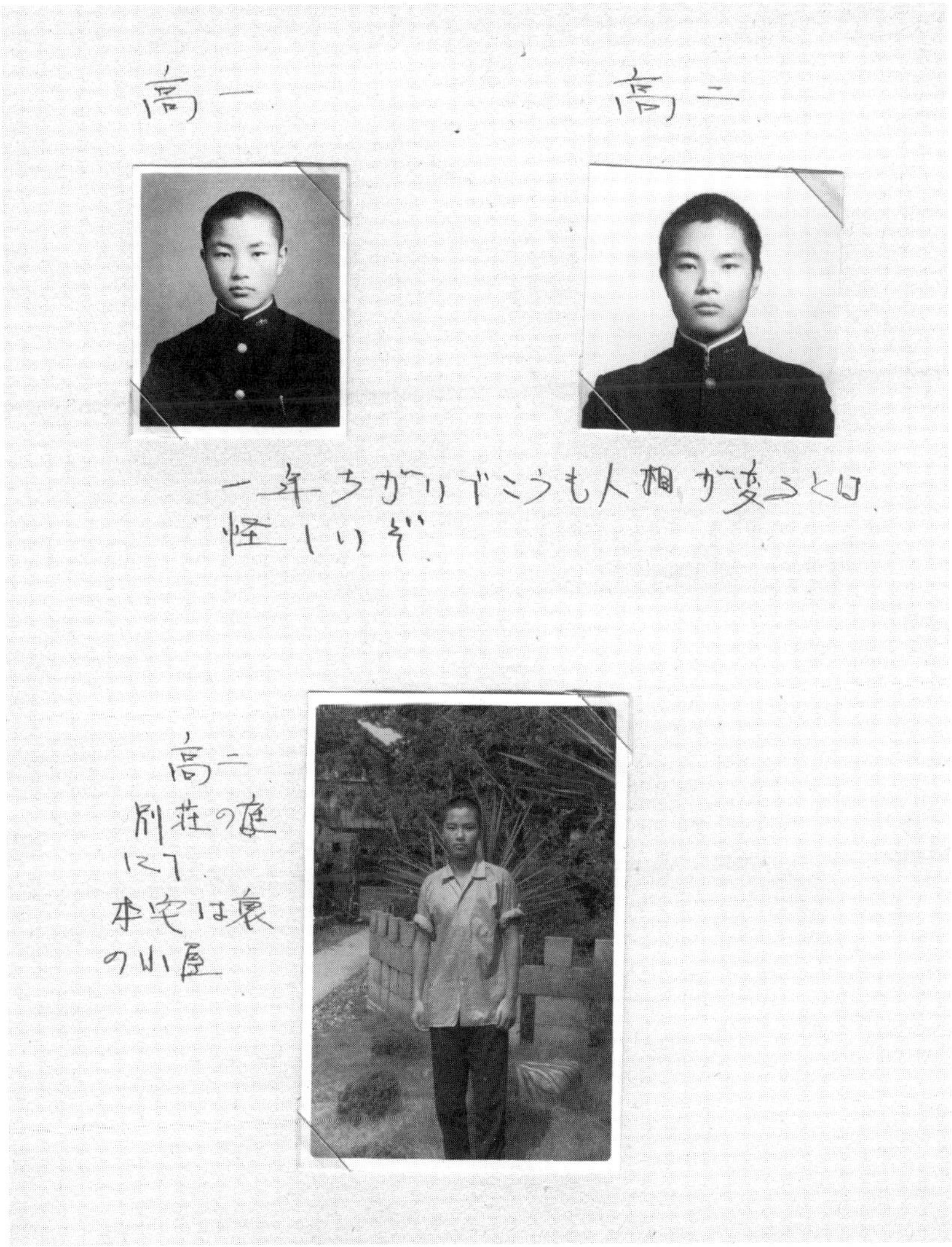
高一
高二
一年ちがいでこうも人相が変るとは
怪しいぞ
高二
別荘の庭
にて
本宅は裏
の小屋

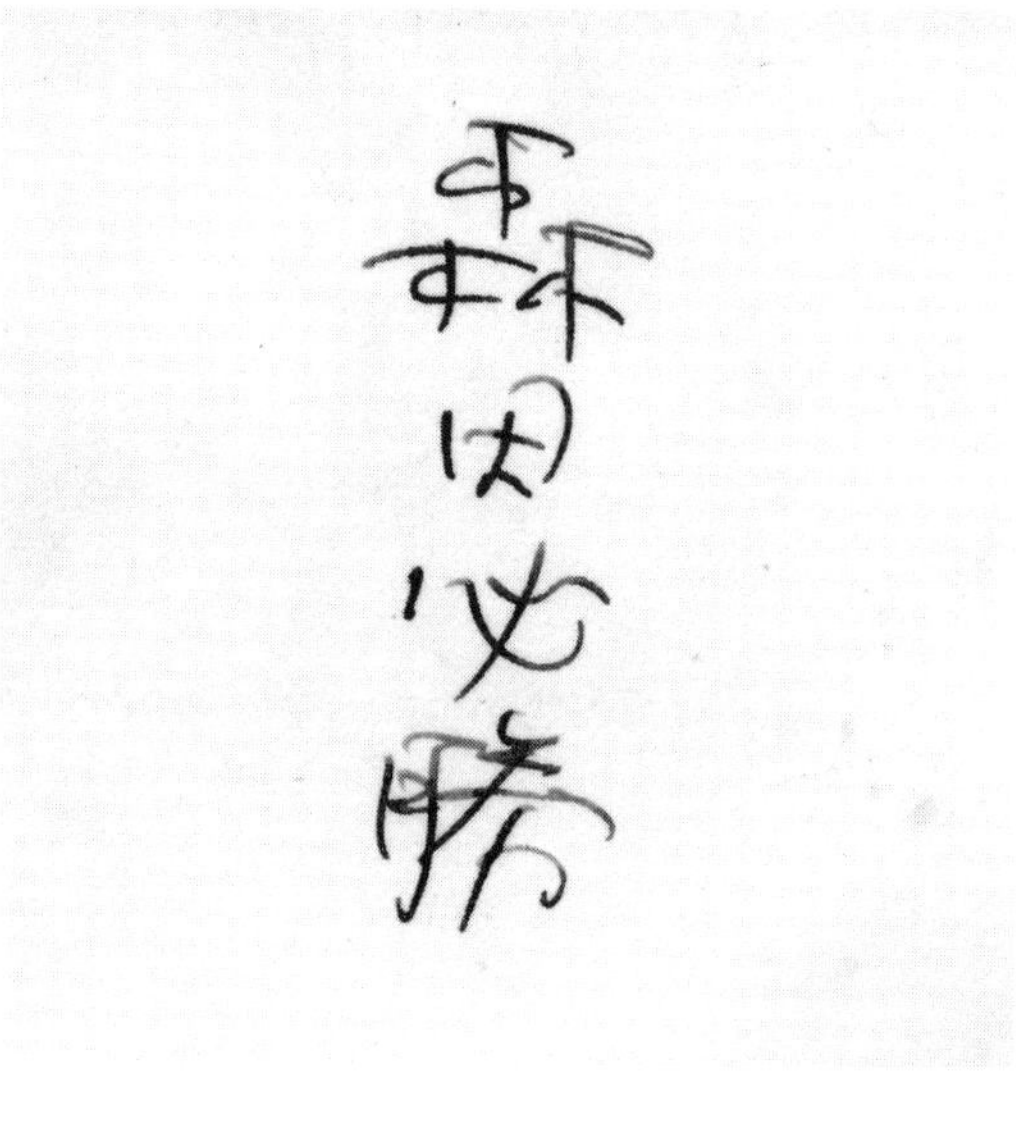
森田必勝

第一章

三島由紀夫との出会い

幻滅の学生生活

森田は昭和四十一年五月、早稲田大学教育学部に入学した。浪人生活二年目の昭和四十年五月三日の「日誌」（『わが思想と行動』より。以下同じ）には以下のように書かれている。

> おれは、どうしてもあと十年後に、四日市市長になる。あくまでも俺の正しい信念を持って粘り強く説得力を持っていけば、誰がなっても同じじゃないかと言う人々をも、俺の味方と信ずる。（中略）
>
> 俺としては25歳で卒業して、三年間新聞記者をやり、三年間誰かの秘書をやる。そして市長になり、二期務めて、こんどは39歳で衆議院に立つ。して《ママ》三期務めて外務大臣になる。50歳だ。15年間、日本のために、そして、あとに続く日本民族のために、ゆるぎのない日本の地位をつくってやる。
>
> 70歳以後は完全に引退だ。そのときは女房と二人きりで、静かな生活を送りたい。まあこれが俺の設計図だ。勿論、こんなにうまくいかないことは百も承知だ。でも俺がやらなくて誰がやる。持つべきは夢だ。夢に終るか否かは、俺の努力にかかっている。今はただ静かにしっかり学問的な基礎を身につけよう。

そして合格発表日の日誌には、「再度の上京だ。その足で早大教育学部の発表を見に行く。それがあったのだ！／夢じゃないかしら？ホッペタたたいた。痛い、やっぱり本当だ。何か実感としてピーンと来ない」（昭和四十一年三月九日）とあり、三月十五日には「去年の今日のことを思うと、今日の喜こびは何と形容していいか。十三万五千円払った。形の上だけで、得たのはちっぽけな証明証とバッチだけだが、このために、この日のために――。いいなあ、やっぱり。人間勝たなきゃだめだ。これから先、俺はまだ百年ある。どんなつらいことが来ようとも、ぜいたくではあったかも知れないけど、精神的に全く分離していた浪人時代の苦しさを思い出してがんばろう」と書いている。

大学入学の頃

しかし憧れてやっと合格した早稲田大学であったが、森田の入学当時は大学紛争により、まともに授業を受けることができなかった。期待していた大学生活とは程遠い現状に、森田はすぐに不満を抱くようになった。

早大入学式が一カ月以上も遅れたが、紛争の残り火はまだまだくすぶっている。授業を受けたい学生がたくさん居るのに、共闘会議は何の権利があってバリケードを築けるのだろう?ヤツラの方法が僭越に思えてならない。力ずくでもバリケードを除く勇気ある学生はいないのか?早稲田精神は死んだのか！一日中憂鬱。（五月某日・日付不明）

やがて森田は、反ストライキ派と関係を持つようになる。

きのうのクラス委員会で、早稲田精神丸出しの勇敢な先輩と知りあった。総会で、革マルの一方的な議事進行と、独善的な議事内容に怒って革マルのヤツらに単身、喰ってかかっていた。

ぼくは入学したばかりなので紛争の経過がよく判らないと言ったら『ジュリアン』に連れていってくれて、色々と話を聞かされる。左翼に対決して学園正常化のために奮闘しているグループがあることを初めて知る。それこそワセダ精神だ！

先輩は斉藤英俊さんと名乗った。教育学部の二年生で、このスト反対グループの中心人物だ。良い先輩と知り合えて、今日は一日中爽快だ。（五月某日・日付不明）

ジュリアンは大学紛争当時、早稲田大学の民族派（右派学生組織）のたまり場となっていた喫茶店である。森田はここで、後に楯の会で活動を共にする持丸博など民族派の学生を知り、彼の日本文化研究会（日文研）に参加。さらに昭和四十一年十一月十四日、日文研が核となって左翼セクトに対抗して作られた民族派学生組織「日本学生同盟」（日学同）の結成に参加した。この時期の森田について、兄治は次のように回想している（『わが思想と行動』）。

一年そして二年たち、やっと念願の入学を果たし得た。浪人時代の苦しみの中で価値ある教訓を見出している。義務教育の期間はともかく、高校・大学生活に入った弟に対して私は、自由な（放任ではなく）学生生活を送らせるよう心がけてきた。弟も又無理を言ったり、不平をもらすようなことは殆どなかったといえよう。明朗な、そしてこどもの好きな一面は常に変るところがなかった。

こんな弟に人生の転期が来たと考えられる第一は、早大入学であろう。当時大学紛争は熾烈を極め、受験することさえ危ぶまれる状態にあった。弟自身の心に紛争の影響がどんな形でくいいったかは容易に想像できる。弟は彼なりの生きるべき道を見出そうと努力した。そして発見したのではないか。学生として学ぶことと共に、活動し行動することに価値を見つけたのである。そして学年の進むにつれて、むしろ後者に力点を移していったといえる。

ある女性への手紙

ところで、この頃森田と交流のあった三重県四日市市在住の女性がいた。この女性について、森田は『わが思想と行動』の「日誌・昭和41年12月5日（月）」の項で、「I嬢への手紙（ノートに下書き）」を記している。

親愛なるI子へ

寒い木枯しの吹く季節となりました。元気ですか。このあいだ、お見送りどうもありがとう。とても嬉しかった。

考えてみれば、今年の夏、ひょんなことで君と知り合い、仲良くなった。君との仲を考えてみると、男女のつながりというものは、実に不思議なものですね。

先日、約三ヶ月ぶりに君と会って感じたことは、君がすごくきれいになり、厳しくなった、物事に慎重になったように思います。

俺の方は、毎日午前中に起き、適当に授業を受け、空手をやり、毎日新聞社で仕事をし十二時頃に下宿に帰り、好きな政治書や、歴史書を読む毎日です。土、日の休みには、君がいればデートでもしたいのですが、弱い仏語をかじったり、たまったものを洗濯したり講演を聞きに行ったり、下宿の悪友とマージャンしたりしています。

浪人していた二年間をムダにしないように勉強しようという気持はあるのですが、あのジャラジャラという牌の音をきくと、何か落ち着かなくなります。

四日市にいると、一週間くらい帰っても仕方がないな、とは思いましたが、東京にいると、やはり正月ぐらいは、自分の生まれ故郷で過ごしたくなるものですね。大学の先生たちも正月前は休みたいものと見えて、休講の様子なので、二十八日ごろ帰ります。寒いだろうが、我々よりみじめな境遇の人も居るのだから、しっかりやって下さい

このI子は特定されていなかったが、著者は平成十八年十一月に四日市で行われた持丸の講演会の際、会場にいたI子こと伊藤三枝子さんに会うことができた。そして伊藤さんに、この下書きのいくつかの箇所が何を意味するのかを、以下のように教えていただいた。

・「このあいだ、お見送りどうもありがとう」――東京へ戻って行く森田を、伊藤さんが四日市駅のプラットホームまで見送りに行ったこと。

・「ひょんなことで君と知り合い」――森田がジャスコの屋上のビアガーデンでアルバイトをしている時に、伊藤さんが女性五人でそこへ遊びに行き、そこで森田が伊藤さんに「名前と電話番号を教えて」と言ったこと。

・「我々よりみじめな境遇の人も居るのだから」――森田と伊藤さんは二人とも両親がいないということで、森田から伊藤さんへの励ましの言葉。

伊藤さんはこの下書きの手紙を受け取っていなかったが、その三ヶ月前の昭和四十一年九月に森田から別の手紙が届いていた。森田の住所は上京後の最初の下宿「渋谷区西原町3の36平松方」で、消印は昭和四十一年九月十三日。森田が伊藤さんに送った手紙はこの一通だけである。以下、伊藤さんのご了解を得て、この新出の手紙の全文を掲載する。


手紙どうもありがとう。残暑ってやつは厳しいね。朝夕は涼しくなったけれど。

東京に来て急に生活が変ったからか、飯をつくるのが面倒くさいからか、食欲不振になったり、ゲーリー・クーパーになるやらで、一時は困ったものだった。君も大変だなあ、外へ出たいのに家にいなければならんとは、でもいつか話したように何かの役にたつからがんばれ。例のタバコは皆吸ってしまった。一本一本大事に吸った。とてもうまく感じました。それから禁煙しようと努めています。

所で三枝子（さん）よ　いろいろ説教どうもありがとう。手紙もらった今日偶然洗濯しましたよ。きれいにしておくってことは気持のいいものですね。これからしばらくは試験があるので少しは勉強しようと思っています。クラブはなぐられ通しで目つきがだんだん悪くなっていきそうです。つぶらな瞳もだんだんおかしくなっていきそうです。俺の名前呼ぶって好きなように呼べばいいですよ。マサカツが本名だから君がミコで俺がマコだったら小説になるんだけど、君は病気になりそうもないし俺はマサになるからだめだな。手紙書くの面倒くさいから、電話しようと思ったら53の992まで覚えていて最後の数字忘れたから、この手紙が着いたら教えて下さい。多分3だと思ったのだけど。ではまた。

三枝子に送る詩

きれいな目、きれいなまゆ、ひろいでこ、よく調和した髪、顔の割に大きな口、明るく意地っぱりな三枝子、どこにでもいそうでいないおまえ、ふと困ったような顔が素敵な三枝子、すぐ走りたがるおまえ、クリームはきらいなくせに、コーラをよく飲む三枝子、ひかえめでいるようでちょっと生意気なおまえ、絶対負けるなよ。いつか来る幸福をじっと待てよ。おまえにはそれが必ず来る。

おわり

この次はもう少しましなの作るから今日はこれで許せよな。

親愛・伊藤三枝子様

森田必勝

S41・9・11に書いたが13日に出す

「手紙どうもありがとう」で始まるから、伊藤さんからの手紙への返信であろう。「三枝子に送る詩」には、素朴な森田の人となりが表れている。その後、森田は昭和四十一年十一月に四日市で伊藤さんと再会し、先の下書きを書いた。しかし、この手紙は投函されなかった。この時期、森田は四十一年十一月十四日、日本学生同盟結成に参加し、早稲田大学国防部（以下早大国防部）創設にも参画した。これらの活動で急に忙しくなってしまい、森田は投函の機会を逸したのであろうか。それとも別の理由があったのか。答えは永久にわからないと思う。

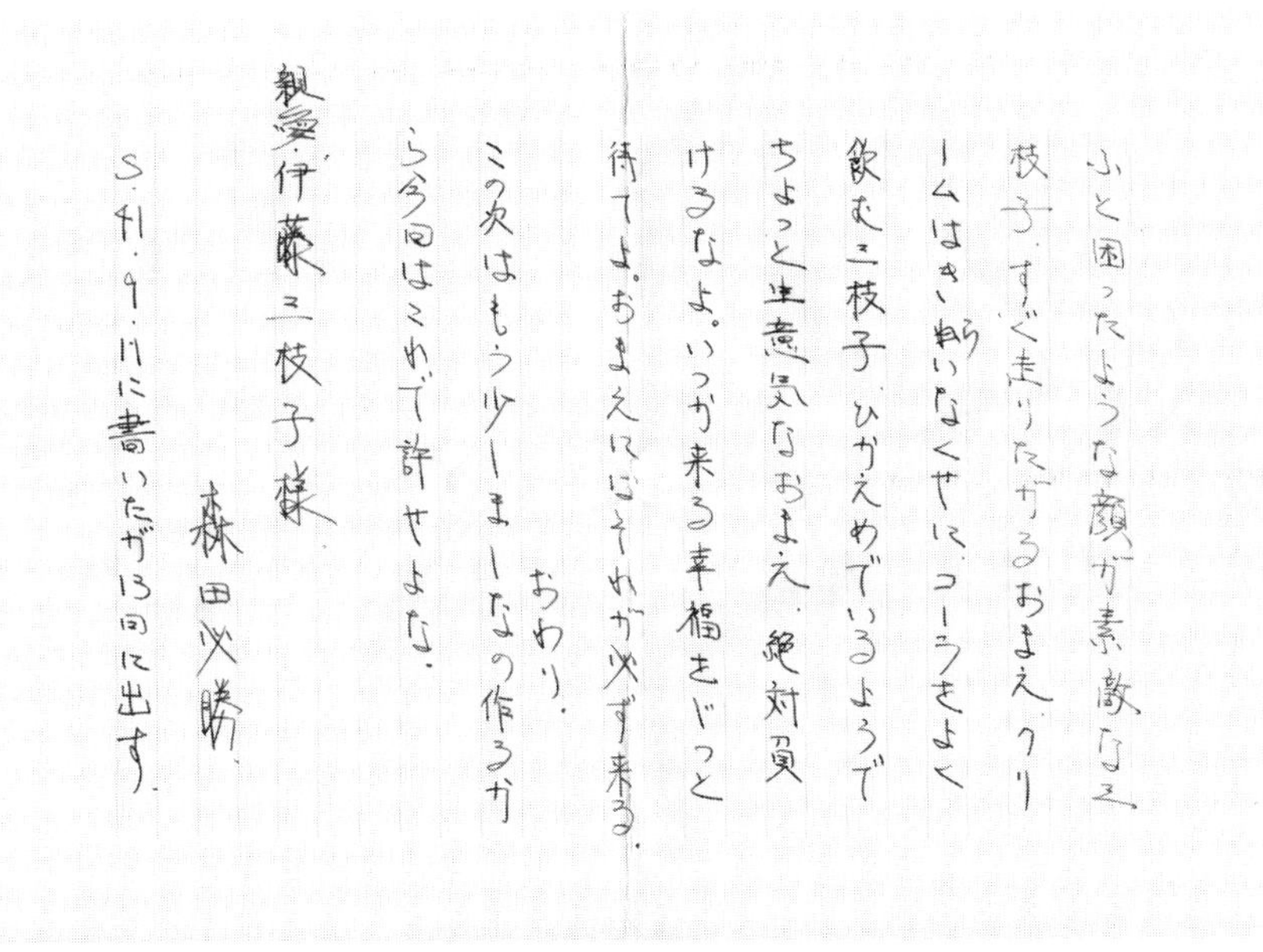

ふと困ったような顔が素敵なミ
枝子。すぐ走りたがるおまえ。クリ
ームはきらいなくせにコーラをよく
飲む三枝子。ひかえめでいるようで
ちょっと生意気なおまえ。絶対負
けるなよ。いつか来る幸福をじっと
待てよ。おまえにはそれが必ず来る。
おわり。
この次はもう少しましなの作るか
ら今回はこれで許せよな。
親愛 伊藤三枝子様
森田必勝
S.41.9.11に書いたが13日に出す

伊藤三枝子宛の手紙（封筒と最後の1枚）

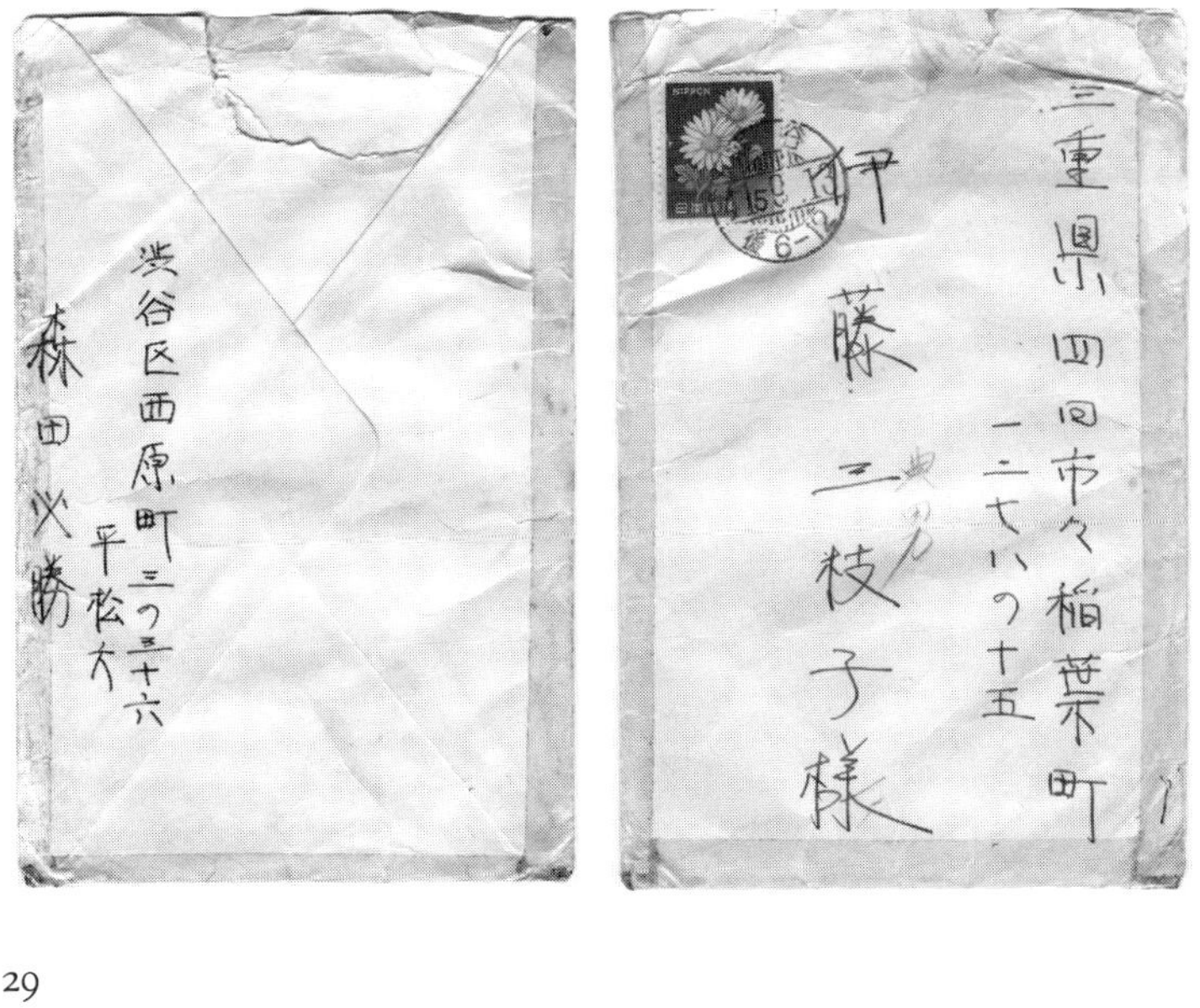

キザな三島さん

早大国防部創設への参画について、昭和四十二年二月二十一日の森田の日誌には以下のように書かれている。

二十四日から始まる早大入試に新人募集と資金作りとを兼ねた出店を出すことになりその打合せ会。早大での日学同支部を、四月から二つに分け、クローズアップされつつある防衛問題を研究する『国防部』を発足させる案がだされ、斉藤、宮崎、大石、森田が、この新サークルの担当と決った。

この「国防部」について、早大国防部、日学同での森田の朋友である宮崎正弘は「森田必勝との四年間」(『諸君』昭和四十六年、以下宮崎の文章は同じ)に、「四月に斉藤英俊君(現在新聞社勤務)と私とで、『戦後初めて』(某週刊誌)早大に国防部を創設したとき、森田も幹部として後輩の指導にあたった。当時、タブー視されていた国防問題や核防条約の問題で、学生の立場から国家の命運を定めるような重要課題の研究にアプローチしようという試みに、森田は熱心な関心を寄

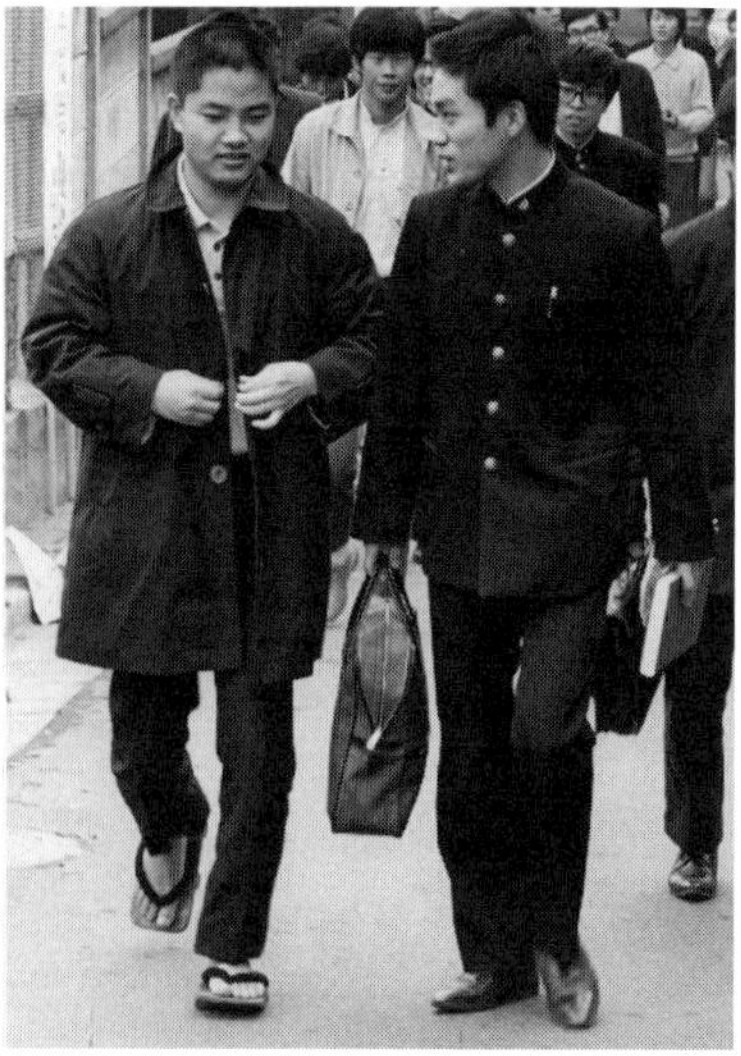

大隈通りを歩く(左)

せていた。森田はとくに『核』の問題を重要視し、ドゴール前仏大統領の自立独立政策を日本もとるべきだとしきりに言った」と記している。

昭和四十二年二月七日、日学同は機関紙「日本学生新聞」を創刊。初代編集長は持丸であった。持丸は、発刊されて間もない育誠社「論争ジャーナル」の編集を兼務し、これを機に三島由紀夫を知ることとなる。三島は、持丸の依頼を受けて「日本学生新聞」創刊号に「本当の青年の声を」を寄稿。そして昭和四十二年四月、民兵組織の立ち上げを企図していた三島は、早大国防部の創設を知ると、持丸を通じて早大国防部に協力を要請してきた。四月某日（日付不明）の日学同連絡ノートには、森田の次のような言葉が残されている。この頃の三島に対する冷めた見方が面白い。

M氏から三島由紀夫さんが、民兵組織を作るので日学同、とくに早大国防部から選抜して協力してもらいたいと言ったという。民間防衛隊は大いに結構だし、俺はいつでもやる覚悟はあるけれど、あのキザな三島さんが、それをやるというのは何かチグハグな感じだ。

三島は昭和四十二年四月十二日から五月二十七日まで、単身で自衛隊体験入隊を行い、訓練を受けた。これを知った早大国防部は、持丸を通じて自分達も体験入隊を希望することを三島に伝え、昭和四十二年六月十九日に三島は早大国防部の代表と会った（持丸博「楯の会初代学生長の手記」『正論』産経新聞社、平成十八年）。当日の早大国防部日誌には、

札幌駅にて（前列左から２人目が森田）

北海道での移動中、トランプに興じる（左が森田）

前列右が森田

後列左端が森田

六月十九日
六本木ヴィクトリアで三島由紀夫氏と、早大国防部代表会う。前から三島先生に頼んでいた体験入隊の話を具体的に煮つめるため。南道郎氏も同席されていた。
早大国防部の入隊先は北海道の北恵庭駐屯地と内定。（略）三島さんが居た所為か、学生を飛行機で輸送しても良いというような景気の良い話も出て一時本気にする一年生もいた。期日は七月二日から一週間、従って東京出発は六月三十日深夜と決定。すぐに参加者に連絡をとった。

とある。そして三島の計らいにより、昭和四十二年七月二日から一週間、北海道北恵庭での自衛隊体験入隊が実現した。森田も参加しているが、三島とは会っていない。以下はその総括である。

七月十日　快晴
二日から一週間、北恵庭戦車部隊で体験入隊。全員、頭髪を短くして学生服に統一。
日誌を一週間つけなかったのでまとめて書く。旅行で印象に残ったこと＝青函連絡船からみた夕陽（宮崎）、荒々しい原野とロマン（T）、函館の女（M）、原野が捕まえそこねた野ウサギ（森田）……皆んなロマンがないなあ！
体験入隊で良かったこと＝①生活の規律が正しく、リズミカルだ。健康に最適。②国防を実際に感じることが出来た。③戦車で一日中原野を駈けめぐったとき、日本の大自然がこれほど広かったことに改めて気付く。壇一雄『夕陽と拳銃』の主人公の心境がわかるようだ。まだまだ別の人生があるなあ、という感慨が湧く。

自衛隊で気づいたこと＝①とくにぼくたちと接触した隊員は人間的に魅力に富んだ立派な人達ばかりだが、軍人の精神というものがうすい。②憲法について多くを語りたがらない。政府の解釈をそのまま代弁し、ややあって、『個人的な見解としては………』と言う。斉藤さんが、『それなら、もし万一、合法的に共産党内閣が成立したとき、自衛隊は共産党政府に従属するのか？』との鋭い質問に『ええ………まあ………』とお茶をにごす。そんな国家の危殆にすら、クーデターを起こす意志を明らかにし《ママ》た隊員が居ないのは残念だった。

総括＝今回の体験入隊、とくに学生が自ら望んで軍事訓練にいそしむことは、おそらく戦後初めてのことだろう。われわれは民族戦線の前衛として『先導的試行』を繰返しつつ前進してゆかねばならない。それにしても自衛官の中で、大型免許をとるためだとか、転職が有利だとか言っている連中のサラリーマン化現象は何とかならないのか。

「命を捨てます」

三島は「『楯の会』のこと」（昭和四十四年）に「一九六八年春、最初の実験として、二十数名の学生を率いて、富士の裾野の兵営へゆき、一ヶ月の訓練をはじめた」と記している。昭和四十三年二月、三島と論争ジャーナル編集委員の持丸の間では、三月一日から行われる陸上自衛隊体験入隊の準備が進められた。自衛隊は十人を一班とし、三班で一個小隊とするのが作戦行動を取る場合の最小単位である。自衛隊側からは一個小隊三十人の人員をとの要望があったが、二十人を確保するのがやっとであった。そんな中、予定していた五人が参加不可能になったので、急遽五人の人員を確保することを余儀なくされた持丸は日学同に応援を求めた。この時のことを宮崎は次のように回想している。

森田必勝はこのとき自らかって出て、三島氏と日学同とのミス・インフォメーションのギャップを埋めようと、故郷から足をひきずって飛んで来た。（彼はこのとき足を折って静養中だった）森田もまた学生運動を重要視し、一カ月という長期の入隊による日常活動のブランクをよく承知していた。しかしながら森田は、『三島先生は、これからの国民運動の進展の上で、絶対不可欠の文化人だから、何かの誤解で日学同との間にシコリを残してはならない』と熱っぽく語り、『入隊して生活をともにしながら必ずこの誤解をといてみせます』と言って富士学校へ赴いた。

しかし森田は当時の日記に以下のように記し、まだ三島と距離を置いていたことがわかる。

二月某日

東京から電話が掛ってきて、三月一日からの『三島小隊』の体験入隊に一ヶ月間参加しろとのこと。自分はスキーで骨折して静養中だし、第一、一ヶ月間も入隊していたら肝腎の新人募集がだめになるといって、日学同からは参加しないと言ったばかりではないかと言った。

三島さんとは路線上のことで、とくに民間防衛隊の構想については日学同が批判的だから、加わっても仕方が無いといったが、何か予定の二十人のうち中央大学のグループが突然ぬけて五人の欠員がどうしても埋まらないらしく日学同へM氏から応援を求めてきたという。

結局、山本、石津、大石、武井とぼくが選抜されたのはそういう経過。この期間に三島さんと親しくなって日学同との誤解もときたいという要請なので、仕方なく一週間遅れで参加することにした。とんだ穴埋めになったものだ、と返事をしながら思った。

体験入隊は昭和四十三年三月一日から三月三十日まで、静岡県御殿場市滝ケ原の陸上自衛隊富士学校滝ケ原駐とん地で行われた。森田は三月七日（木）から体験入隊に参加し、初めて三島と会った。三月八日（金）の「体験入隊日誌」には「朝食後、先生より帰京されるにあたり、全員に注意あり」と記され、三島が三月八日の午前中に帰京したことがわかる。

森田は体験入隊中の宮崎宛の手紙に「………どうやら滝ケ原分校の生活にも慣れました。毎朝六時起床で、東京のだらけた生活とはまるで違います。三島先生は、ぼくが骨折しているにもめげず頑張っているので、たいへん感激してくれました。残りの一週間、三島先生は再び

自衛隊体験入隊（前列右から2人目が森田）

ここへ来て、ぼくらと生活を共にする予定です。他の日学同の連中も皆、元気です。（略）」（三月二十三日消印）

と書いた。このあたりから、森田の三島への感情に変化が見られるようだ。

この体験入隊に参加した山本之聞（楯の会一期生で早大国防部、日学同での森田の朋友）も森田と三島の結びつきに言及している。

森田は当時、春休み中にスキーで足を骨折し一週間遅れの入隊になった。この森田氏の到着早々、厳寒の夜中三時頃、非常呼集ラッパに叩き起こされ御殿場までの往復六キロの持久走が命じられた。まだ足の後遺症を抱え傷病兵のような状態にあった森田氏には非情な仕打ちとなったが必死の形相で走っていた。掛け声をかけて走る若い隊列には、四十三歳の三島先生の激しい息遣いも混じったが、我々は落伍しない限り完走するしかないと苦しみに耐えた。

この日の持久走は三島、森田両氏にとって苦痛を共有しての運命的な出会いの場になった。

（山本之聞「富士の原野の高笑い――体験入隊「一期生」のこと」『「憂国忌」の四十年』、並木書房、平成二十二年）

そして森田は次のように振り返っている。

『三島小隊』の体験入隊の感想を下記にしるします。

三島先生は、ぼくが遅れていった日に骨折した足をみて、そのファイトに感心された。それにお互い短髪だし、すぐに意気投合（オーバーかな?）した。

一番印象的なのは下旬の三十五キロ行軍だ。指揮動作、教官動作などの日頃の訓練の集大成ともいうべきもので、朝七時から、夕方五時ごろまで富士のすそ野を回った。

一カ月も生活を共にした隊員と別れるとき、バスが出てしばらくは皆、黙って泣いていた。あれこそ男の涙というものだ。夕方、貸切りバスは三島先生の家に横づけされ、中華料理とビールで夕食会。

三島先生が『からっ風野郎』の主題歌をうたい、山本が、でたらめなドイツ語で『カルメン』をうたう。(三島さんがおもわず感心したほど、彼のドイツ語のでたらめは完成されていた) ぼくは布施明の『恋』、武井が高校の応援歌、そして最後に全員で『サウンド・オブ・ミュージック』のドレミのかえ歌で三島さんをひやかし大笑いとなった。とにかく楽しい入隊でした。

この体験入隊には、北恵庭の自衛隊体験入隊に参加した十二人の早大国防部の内七人が参加し、宮崎は、三島と早大国防部の意見の違いを語っている。

三島氏の明かされた民間防衛隊の構想に、私たちは原則的には賛成したが、氏の思惑にはかなりの急進主義的色彩と、三島氏の『私兵』という狭いイメージがあり、当時の私たちは『楯の会』の前身組織へ全面的に加入することは出来なかった。

私たちとくに斉藤英俊（当時日学同委員長）は、学生運動の重要性を説き、『短期決戦』的な姿勢は、日本の長い歴史のうえでマイナスになると言った。三島氏はこのとき『君たちの長期の展望にたった運動は評価するが、三島個人としては（そのような路線は）関心の埒外だ』と言われ、後の『文化防衛論』の中でその心中を公表された。

ただ宮崎によれば、森田と三島はここで急速に接近したようだ。

森田の明るい性格と、人を魅了してやまない独特の人柄は、富士学校での生活中、たちまち三島氏からも可愛がられ、私たちとの誤解はとけた。森田は富士学校から帰ってすぐに早大国防部の二代目の部長となり、新入生対策のブランクを埋めるために身を粉にして動いた。また三島氏に礼状を認め「先生のためには、いつでも自分は命を捨てます」と速達で送った。三島氏は後で森田に「どんな美辞麗句を並べた御礼よりも、この一言で参った」と打明けたと、あとで私に語った。

第二章　愛国者の活動

初代議長

御殿場での自衛隊体験入隊終了後、昭和四十三年五月の連休に、東京八王子セミナーハウスで理論合宿学生文化フォーラムが行われた。日学同ノートには

五月五日

初めて民族派学生の全国理論合宿（学生文化フォーラムというアカデミックな名称は好評）無事終了。遠く北海道から九州まで、いままで手紙でしか知らなかった同志七十名が結集、たいへん意義深いものになった。

四日は、林房雄先生、三島由紀夫先生、村松剛先生と、テレビでも滅多にそろうことのない豪華メンバーのシンポジュームが開かれ、ぼくらの運動のために、これほどまで協力してくれる方々に頭が下った。

大学セミナーハウスの環境も抜群で、新緑の若葉がきれいだった。

とある（筆者不明）。五月四日のフォーラムは、林、三島、村松が学生からの質問に答える形で進行した。この学生文化フォーラムのことが、昭和四十三年七月の『学生評論』に「特集学生文化フォーラム詳細報告」として十ページにわたって掲載されている。質疑応答の題目は、「政治と文学との関係について」「ユダヤの民族意識について」「運動のための有効な戦術について」「石原慎太郎の国会議員選立候補について」「日本の核武装

学生文化フォーラム（左端が三島、右端が森田）

左が三島、右が林

について」などがあり、三島、村松、林がそれぞれを解説した。

『学生評論』には「このパネル・ディスカッションは学生文化フォーラムでの記録で今後連載される予定です」との記載があるが、この号で廃刊されたため、続きは未発表となっている。未発表の部分には「日本の核武装について」や「憲法改正について」の討論などがあり、テープには次のような会話も録音されている。

林　憲法改正はできますよ。

三島　具体的にどういう風に、具体的にどういう風にできますか。

林　憲法改正の方法、だから世論を起こしてね、5年振りくらいで日本学生同盟で憲法改正のストライキをやる。それまでには世論が起きるとも思うんです。

三島　国会の3分の2……。

林　そんなことは………あんたはクーデターでしょ。

三島　はっはっはっは。

続いて六月十五日、市ヶ谷私学会館ホールで全日本学生国防会議結成大会が行われ、森田は初代議長として挨拶した。団体の名称はスケールが大きく、その議長といえば大出世のように思われるかもしれないが、学生運動全盛の時代にあって右派学生の組織は小規模であった。早大国防部日誌に森田は次のように記している。

六月十五日（土）朝のうち小雨、午後晴れ

いよいよ『全日本学生国防会議』結成大会。朝から緊張の連続。主催者である自分たちでも今日は驚くことばかり。

フジテレビが、左派の6・15集会（日比谷野音）と対比で中継したのを皮切りに、演壇に立ってもカメラのフラッシュで汗だく。自分でも何をいっているのか判らないぐらいあがってしまった。

総入場者五百人、半分以上は知らない学生で、潜在的な民族派がこれほど多く全国から来て下さって感謝に堪えない。激電二十四通。（略）

旧軍人を代表して今村均元陸軍大将の祝辞もあった。三島先生も祝辞に来て下さって万歳三唱までやっていただいたうえ、デモのときも車から挨拶された。ぼくの一生にとっても、多くの民族派学生にとっても今日の感激を忘れてはならない。

そして翌日の六月十六日、一橋大学小平キャンパスで一橋大学日本文化研究会主催の学生とのティーチ・インが行われた。演者は三人で、論争ジャーナルの中辻和彦が「大衆文化の革命」、東京教育大学教授の福田信之が「エネルギー革命」、三島が「問題提起」として「国家革新の原理」を講演した。内容は三島の『文化防衛論』に収録されている（「学生とのティーチ・イン―於 一橋大学（小平）」新潮社、昭和四十四年）。六月十六日の日学同活動日誌に森田は「新宿東口で『全日本学生国防会議』の第一声。通りがかりの自衛官が、多く機関紙を買っていってくれた。午後四時過ぎ、情宣隊をはなれて、一ツ橋大学日文研主催のシンポジュームへ参加。講師の三島先生にきのうの御礼を述べた」と書いており、このティーチ・インに参加したことがわかる。

（©新潮社）

一橋大学ティーチ・インでの三島（©新潮社）

北方領土渡航計画

この頃の森田の行動でユニークなのは、昭和四十三年八月四日から、森田を団長とする北方領土視察団が北海道に向けて出発したことであろう。この北海道行きについて、早大国防部日誌には以下のようにある。

七月十四日

中央委員会決定概要＝ノサップ行きについて、

①漁船を借りての海上デモを行ない、国境線（？）ギリギリのところまで足をのばす。

②われわれの学生運動が、大きな国民運動へと成長する歴史的使命を忘れず、そうした連鎖反応を惹き起す画期的な運動形態で対処する。

③署名及びカンパ活動を中心とし、街頭での訴えにも重点を置く。

④東京から大量にビラを持ち込み、広い階層の人々に配布する。

⑤各駅頭での啓発、情宣活動を行ない、北海道をくまなく遊説する。

◎団長＝森田必勝

◎札幌で『北方領土復帰全道学生実行委』とソ連領事館デモを共闘

◎出発を八月四日とする

ノサップ岬にて（左が森田）

ノサップ岬にて（左が森田）

笑顔の森田

釧路駅前にて（左端が森田）

札幌にて（右から６人目が森田）

この北方領土視察について、宮崎が興味深い回想を残している。

森田は現在の憲法が押しつけであることにいきどおり、日本の防衛力が米国依存の体制であることを嘆いたが、より以上に北方領土問題に関心を持っていた。そして秘中の戦術（森田の言葉を借りれば）――貝殻島上陸敢行による国民の北方領土返還運動昂揚への起爆的役割――をもって、「北方領土視察団」を編成、森田は団長となってノサップ岬におもむいた。このとき決死隊は早大国防部長の森田と、部員のE君で、夜中にノサップ岬から漁船で漕ぎ出して貝殻島へ上陸、翌朝、燈台に日の丸を立てて水晶島のソ連監視兵に発見させる。逮捕されるか銃殺されるか、それとも海流に押し流されて海のもくずとなるかは判らないが、森田の行動によって眠れる日本国民は必ず北方領土問題に目を向けるだろうと彼は言った。「どうせ国に捧げた命だ。少しでも祖国の歴史の先覚的役割を担いたい」（中略）

別れ際、森田は寒さの所為か紫色の唇を震わせ「後のことは頼む」と寂しく笑った。あのときの森田は、嘗ての特攻隊員が友人や親たちと別れるような、何とも表現しようのない純真で清潔で素晴しい、人間が死を決意したときに見せる美しい顔をしていた。決死隊と残留部隊は涙で別れた。

何と森田は北方領土上陸を計画していたというのだ。この計画は、森田らの行動を警戒していた付近の漁民に阻止されたそうだが、少なくとも昭和四十三年八月の段階で、森田が三島と命運をともにする気がなかったことがわかる。ちなみに、この頃三島は、静岡県御殿場市滝ケ原の陸上自衛隊富士学校滝ケ原駐とん地で行われた第二回自衛隊体験入隊に参加している（七月二十五日から八月二十三日まで）。

ティーチ・イン

昭和四十三年十月三日、早稲田大学大隈講堂に約二三〇〇人の聴衆を集めて、三島と学生とのティーチ・インが行われた。主催は早稲田大学尚史会である。尚史会は早稲田大学内で組織された民族派のグループで、楯の会に最も多くの会員を送りこみ重要な役割を担っていた。しかし森田は、このグループには参加していなかった。

三島は、「私が仄聞しましたところでは、司会者側が『文壇の狂人来たる』というビラを書いたそうですが（笑）、さすがに早稲田大学の品位を傷つけるというので、そのビラは没になったそうであります。狂人とお思いになってもかまいませんから、まあ私の言うところから判断していただきたい」と挨拶している（「学生とのティーチ・イン―於 早稲田大学」『文化防衛論』）。

実際に作られたビラは二種類あって、学外用と学内用としてB四判の用紙にガリ版刷りされたものであった。このビラのうち「鬼才 三島由紀夫氏来る！」は学外用で倉持清（楯の会一期生）により作製された。もう一種は学内用で金子弘道（楯の会一期生）により作製された。三島の講演のタイトルは、学外用では「シンポジウム『状況革新の為に』問題提起」であり、学内用では「シンポジウム『日本革新の原理』」である。ティーチ・インが収録された新潮社の『文化防衛論』では「国家革新の原理」となっている。

このティーチ・インは、週刊誌（「〝憂国〟の士三島由紀夫早大へ行く」『ひろば』第十四巻第一号、国民懇話会、昭和四十四年）などが取り上げ、その後『文化防衛論』に収録された。また「学生との対話」というタイトルでカセ

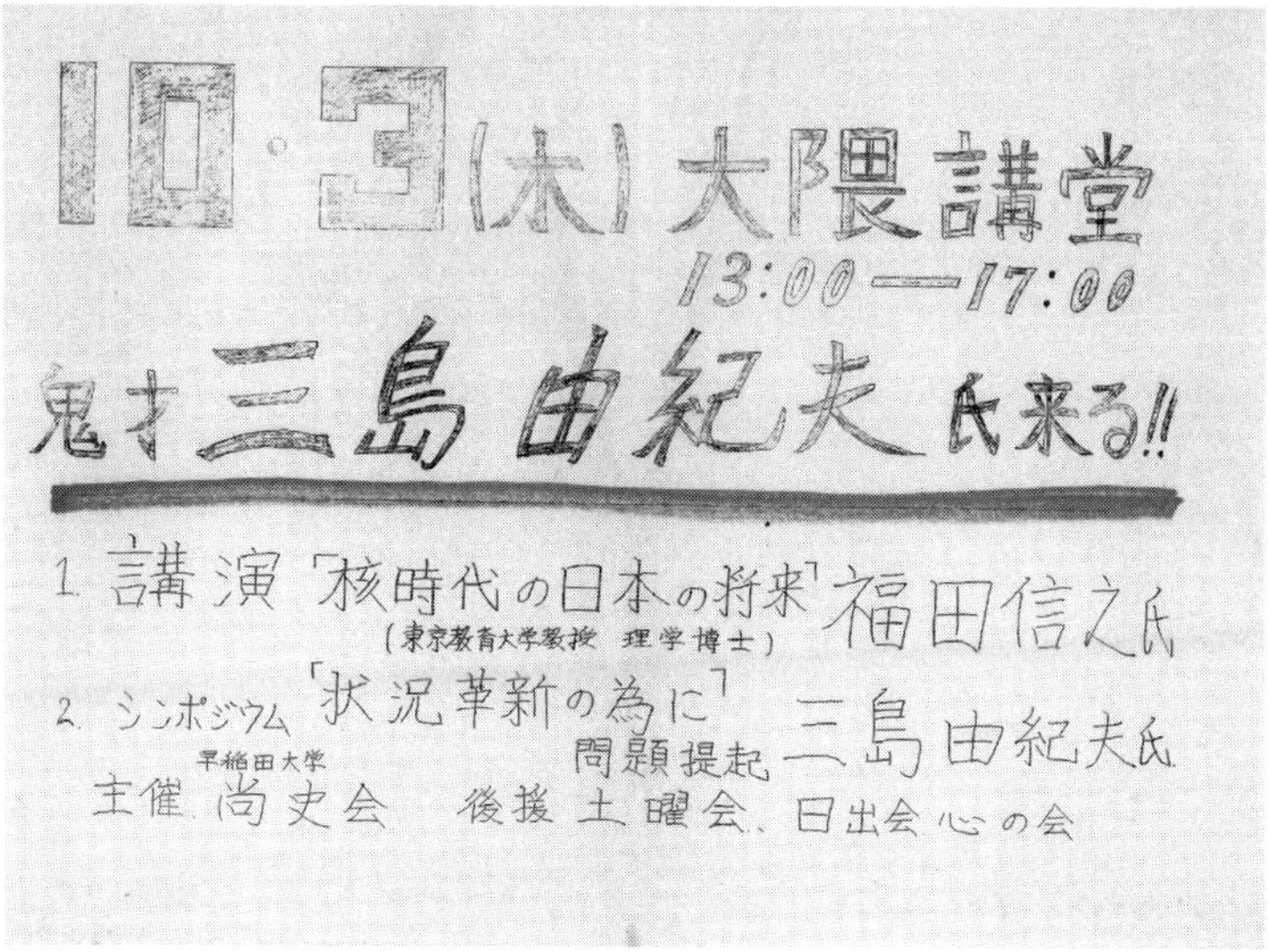

学外用のチラシ

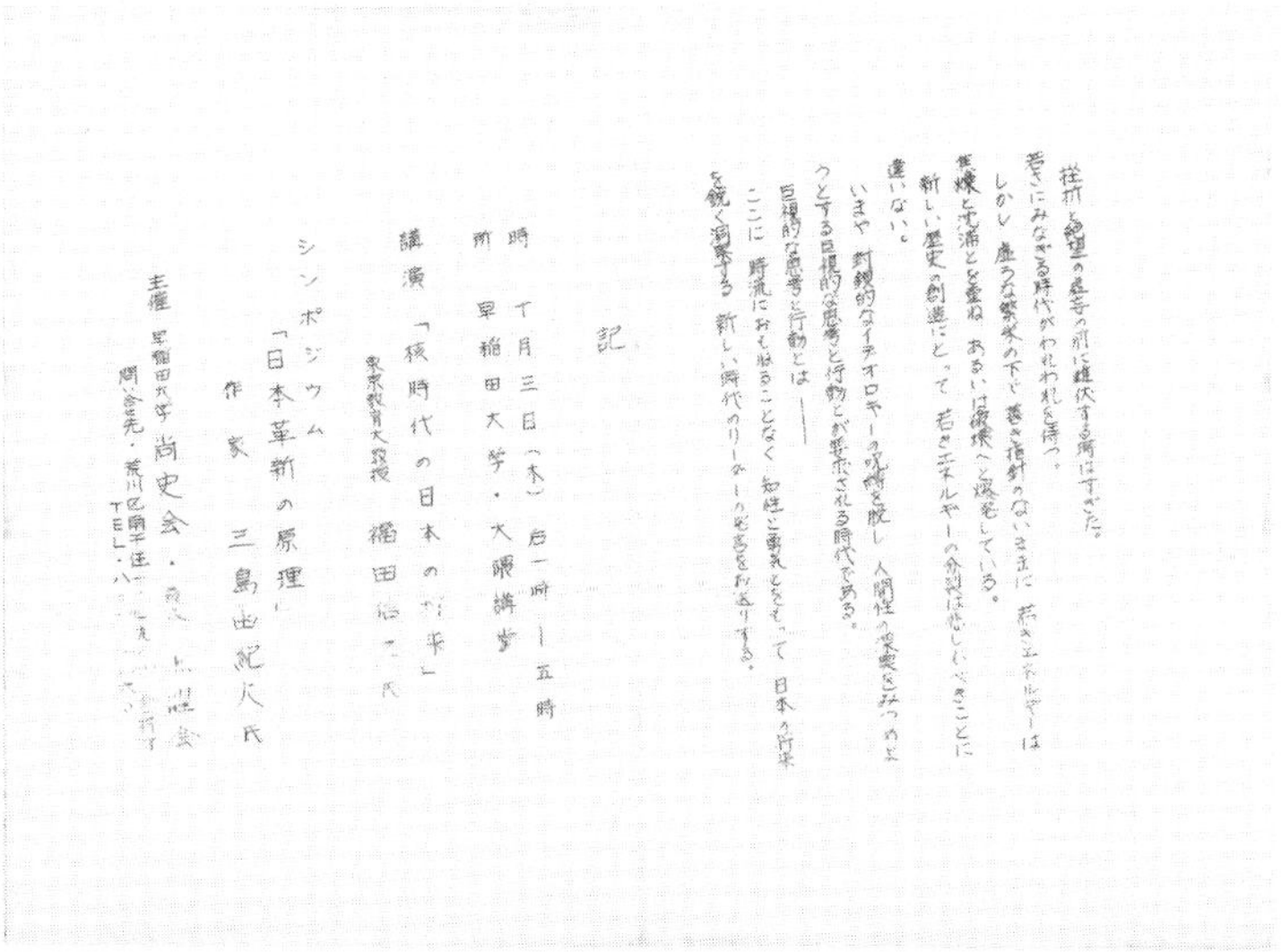

学内用のチラシ

ットテープを発売（新潮社、昭和六十三年）。同タイトルのＣＤも売り出している（新潮社、平成十四年）。時代を超えて、三島の言葉が注目されていることがよくわかる。

なお森田はこの日、都議会へ動員をかけ、護憲条例なる社会党案に対する抗議集会を開いていた。そして午後から大隈講堂に行き、三島の講演を聞いている。森田が楯の会の結成される直前まで、三島とは直接関係がない活動も熱心に行っていたことがうかがえる。

第三章

楯の会

楯の会結成

早稲田大学における学生とのティーチ・インの二日後、昭和四十三年十月五日に虎の門の国立教育会館で「楯の会」結成の記者会見が行われた。「楯の会」の名称が公のものになった瞬間である。案内状が残されている。

第二回の体験入隊も成功のうちに終了することができました。
さて、かねてよりの打ち合せどうり、体験入隊者の会を催うしたく思います。
今回は訓練の模様を記録した映画が上映されることになっています。
全員の参加をおまちします。

記

時・十月五日（土）后一時より
所・国立教育会館（地下鉄虎の門下車）
なお昼食は用意されます。

三島由紀夫

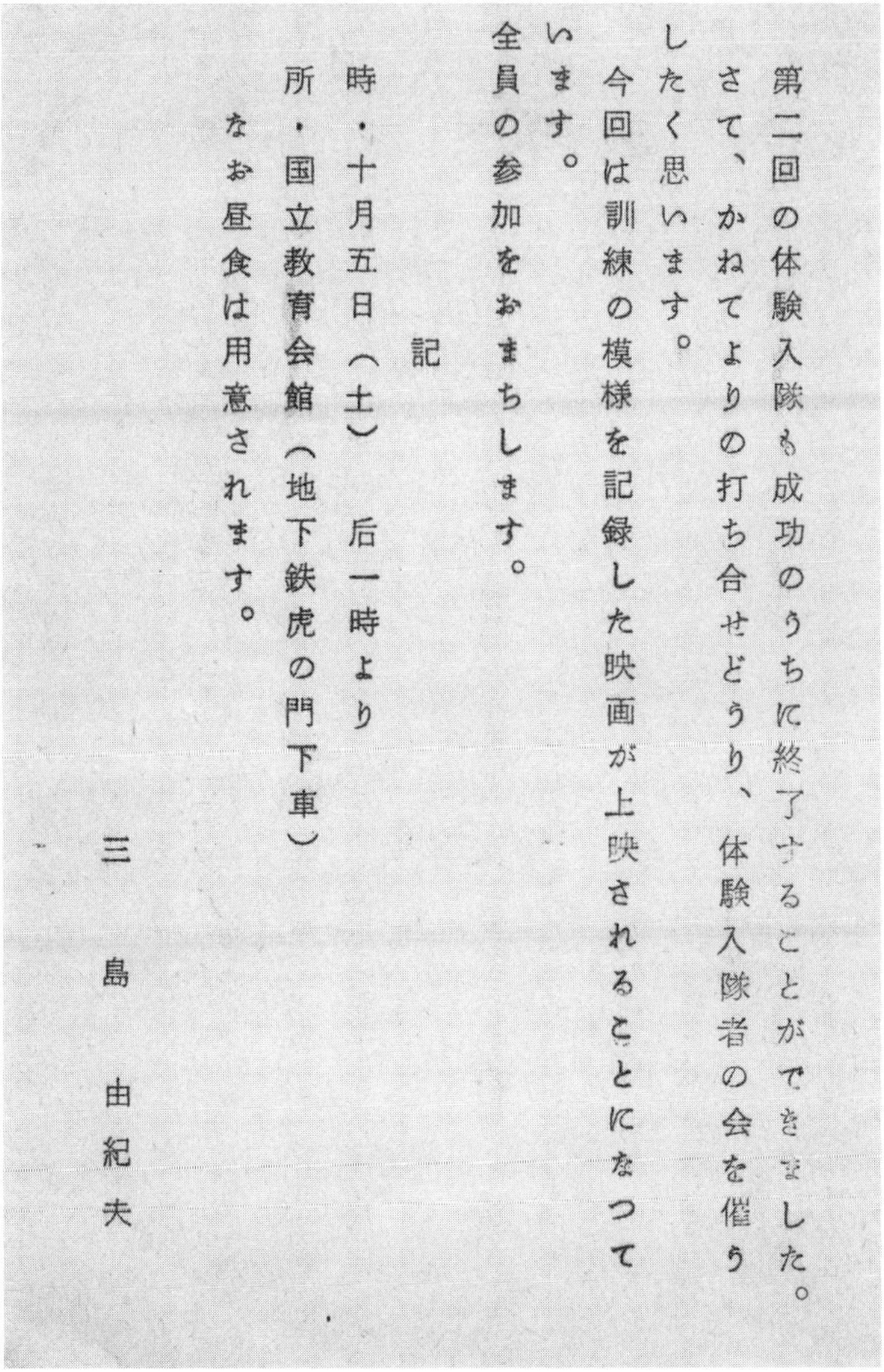
第二回の体験入隊も成功のうちに終了することができました。
さて、かねてよりの打ち合せどうり、体験入隊者の会を催う
したく思います。
今回は訓練の模様を記録した映画が上映されることになって
います。
全員の参加をおまちします。

記

時・十月五日（土）后一時より
所・国立教育会館（地下鉄虎の門下車）
なお昼食は用意されます。

三島由紀夫

案内状（「楯の会」の名称はない）

この時期に作成された「楯の会会員名簿」によると、会員は三島以外に四十六人。基本的に自衛隊体験入隊の時期によって、彼らは一期生二十一人、二期生二十五人に振り分けられた。一期生の森田を含め、その多くは早稲田大学の学生である。この内、十月五日の会に出席したのは三島と一期生十七人、二期生十七人の計三十五人であった。

記者会見終了後、三島は楯の会々員を連れて、北区の旧古河庭園で記念撮影を行っている。カメラマンは和泉繁。この写真は昭和四十三年十一月十一日号の『平凡パンチ』に掲載後、三期生以後の会員の一般公募に使用された。なお『平凡パンチ』には、これ以外に夢の島で撮影された写真とスタジオで撮影された写真も載っている。これらは結成式より前のもので、三島は『論争ジャーナル』の版元の育誠社に楯の会々員十六人を集め、写真を撮った。森田は論争ジャーナル系の会員でなかったため参加していない。

夢の島などでの写真撮影について、森田の後で全日本学生国防会議の二代目議長になった高柳光明（楯の会には不参加）は、次のように回想している。

ある日、広いとは言えない論争ジャーナルの事務所に山のように箱詰めの洋服が届いた。中身は三島由紀夫氏が特注した軍服であるとのことだった。若い人が次々に来てその軍服に着替えて出て行った。持丸氏から君も体に合う服を着て一緒に来なさいと言われ着替えた。手配されたタクシーに乗せられ向かった先は東京湾岸の無人の廃墟だった。そこでのカメラ撮影のあと都内のスタジオに移動してさらに撮影を続けた。スタジオには三島由紀夫氏がいて次々と指示を出していた。

（「日学同泰明期の活動と森田必勝氏のこと」『「憂国忌」の四十年』）

旧古河庭園にて（和泉繁撮影。中央が三島、森田はいない）

夢の島にて（右から８人目が三島、森田はいない）

夢の島の撮影に参加した会員八人にこのことを話すと、会員でない人物（高柳）がいたことを一人だけ記憶していた。三島は夢の島での撮影だけでは満足のいく写真が得られなかったため、十月五日に旧古河庭園での撮影を行った。三島が夢の島の写真を気に入らなかった理由が、人選ではなく構図にあったのは、結成式に出席していた森田が写っていないことでわかる。三島が森田を誘わなかったのは、夢の島での撮影に参加したのが論争ジャーナル系の会員だったためであろう。三島の楯の会々員に対する心配りは繊細である。

また、三島が十月五日を楯の会結成の日としたのも意味深長であった。というのも、実はこの年のノーベル文学賞の発表日は十月十七日だったのだ。同賞の有力候補であった三島は、受賞した場合を考慮し、それとは関係なく楯の会をやっていくという意思表示をしたかったために、事前に記者会見を設定したのではないか。

永遠の恋人

楯の会結成から二ヶ月が経った十二月七日、千代田会館で日学同二周年大会が開催された。森田は実行委員長として挨拶し、三島は記念講演を行っている。森田は日学同連絡ノートに「十一月某日畏友山本君と三島先生宅を訪問、十二月七日に予定している日学同の二周年大会に、記念講演のお願い。三島先生、日学同とのいろんないきさつを無視して、『お前が、実行委員長なら行くよ』と言われる。感激。歓談の途中、長男の威一郎君が木刀で斬りつけてきたのには閉口した」と記している。

ところが、森田は翌昭和四十四年、「このほど一身上の理由により日学同を脱退致します」と日学同宛に退

千代田会館にて（三島）

千代田会館にて（森田）

会願の手紙を送った（二月一日付）。これに対して日学同は、「日本学生新聞」紙上に森田の除名処分を掲載したとされる（未確認）。この問題に関して、宮崎は以下のように語っている。

森田は義理と人情に生きる男だった。日学同中央執行委員であった彼は、三島氏の恩にむくいるため、楯の会幹部か日学同幹部かの二者択一をせまられたとき、数ヶ月悩んで前者を選んだ。四十四年一月の、東大安田城の攻防を一緒に見に行ったとき、ガス弾のけむる本郷附近で森田は目をこすりながら私に言った。

「自分の大学三年間の青春は、日学同幹部として民族派学生運動にだけあった。運動を通じて三島氏を知り、氏に大恩をうけた自分としては何も思い残すことなく日学同を離れる」そして森田は別れ際に、新撰組副長の土方歳三の言葉だと言って、「組織に生きる男はお互いにつらいな」と言った。

なお、森田の日学同退会は三島の決起に絡む重要な問題であり、第六章で私見を述べた。

昭和四十四年二月十五日、午後一時から市ヶ谷会館で、楯の会二月例会が行われた。案内状には

左記のとほり楯の会二月例会を実施いたします。尚、今回は楯の会の雄姿（?）を撮った〝活動〟を上映いたします。また、三月新入隊者の壮行会をも兼ねますので、全員参集を望みます。

二月十五日（土）后一時より

市ヶ谷会館（国電・市ヶ谷駅下車）

とある。この例会で「改革をめざす若者の軍団　楯の会　中央機関誌」の創刊号『楯』が配布され、三島は「楯の会の決意」、森田は「永遠の恋人」という文章を寄せた。

楯の会の決意　　三島由紀夫

いよいよ今年は『楯の会』もすごいことになりさうである。第一会員が九月には百名になる予定、第二、時代の嵐の呼び声がだんだん近くなってゐることである。自衛隊の羨望の的なるこの典雅な軍服を血で染めて戦う日が来るかも知れない。期して待つべし。そのためには、もう少し、諸君のピリッとしたところが見たい。例会集合時の厳守や、動議・提案に対する活溌な反應など。

永遠の恋人　　森田必勝

楯の会の会員諸君！　ぼくは二十三年の間ただ一人の女性に恋をしている。彼女はぼくが生まれ落ちると同時に、あたかも天の摂理でもあるかのように、ぼくの永遠の恋人として、ぼくを育み、愛してきた。ぼくはその愛に応えようと一心に努力している。愛するということは非常に新鮮なものであり、魅力あるものである。

恋愛そのものに没頭し、全てを忘れてしまうこともある。そしてそれ以上に愛することには必ず苦悩が伴うことも知ってきた。この苦悩をのりこえ、この恋愛に真剣に取りくもうと思っている。

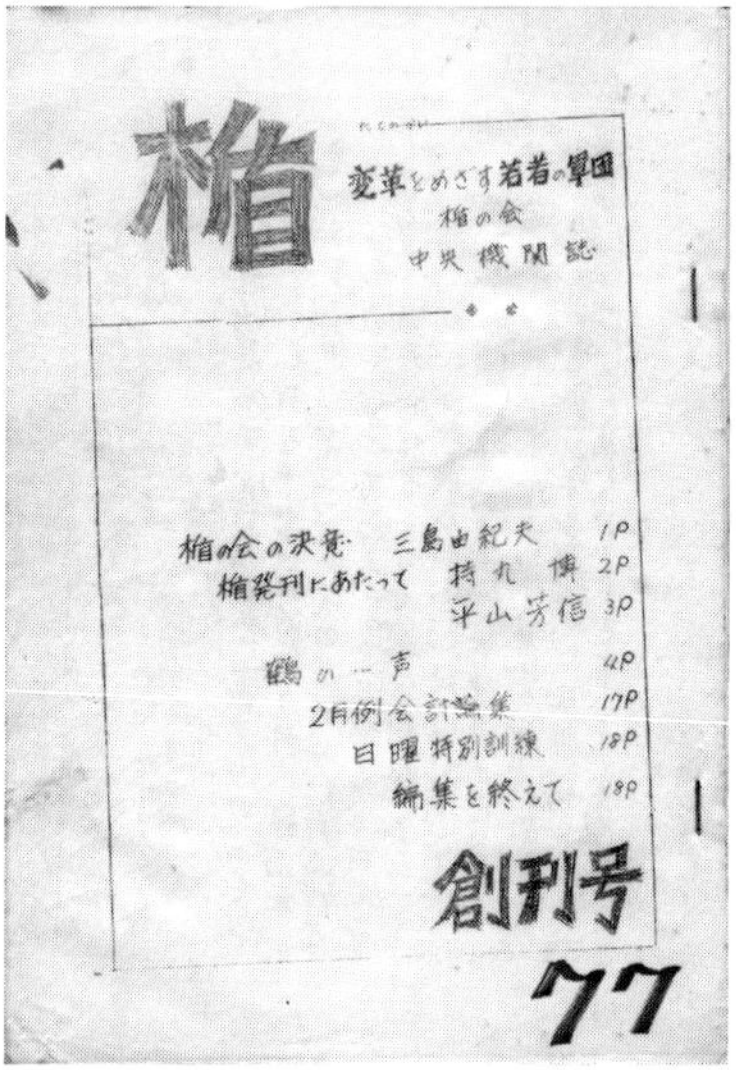

楯

変革をめざす若者の學団
楯の会
中央機関誌

楯の会の決意　三島由紀夫　1P
楯発刊にあたって　持丸博　2P
平山芳信　3P
鶴の一声　4P
2月例会討論集　17P
日曜特別訓練　18P
編集を終えて　18P

創刊号

77

機関誌『楯』

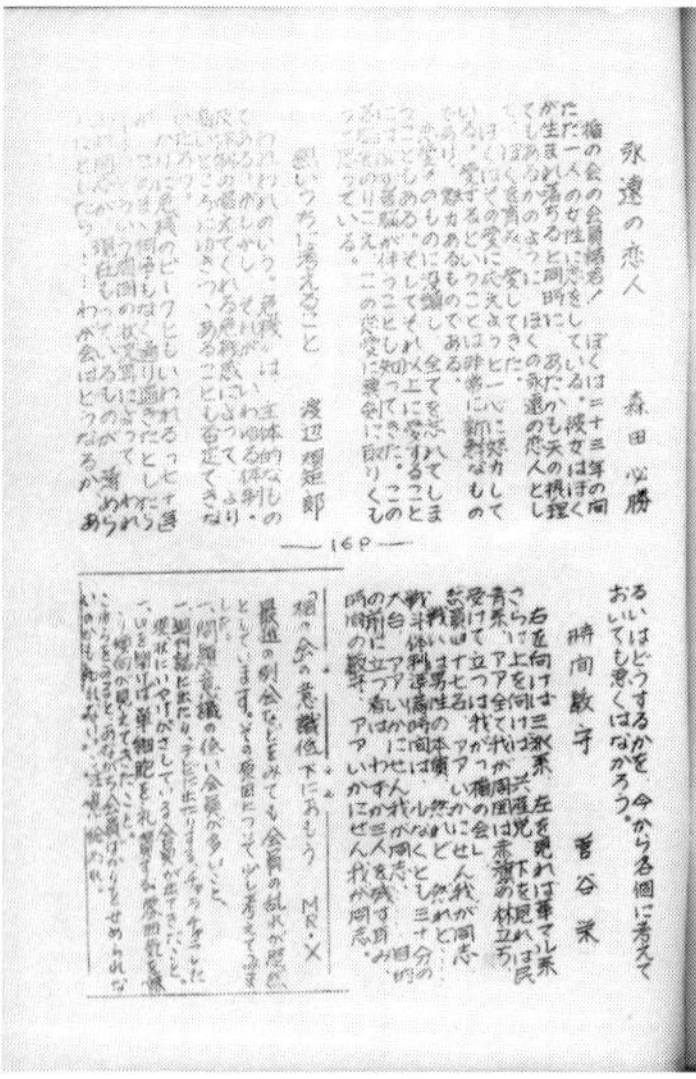

永遠の恋人　森田必勝

—16P—

あるいはどうするかを、今から各個に考えておいても悪くはなかろう。

「楯の会の意識低下におもう」　MR・X

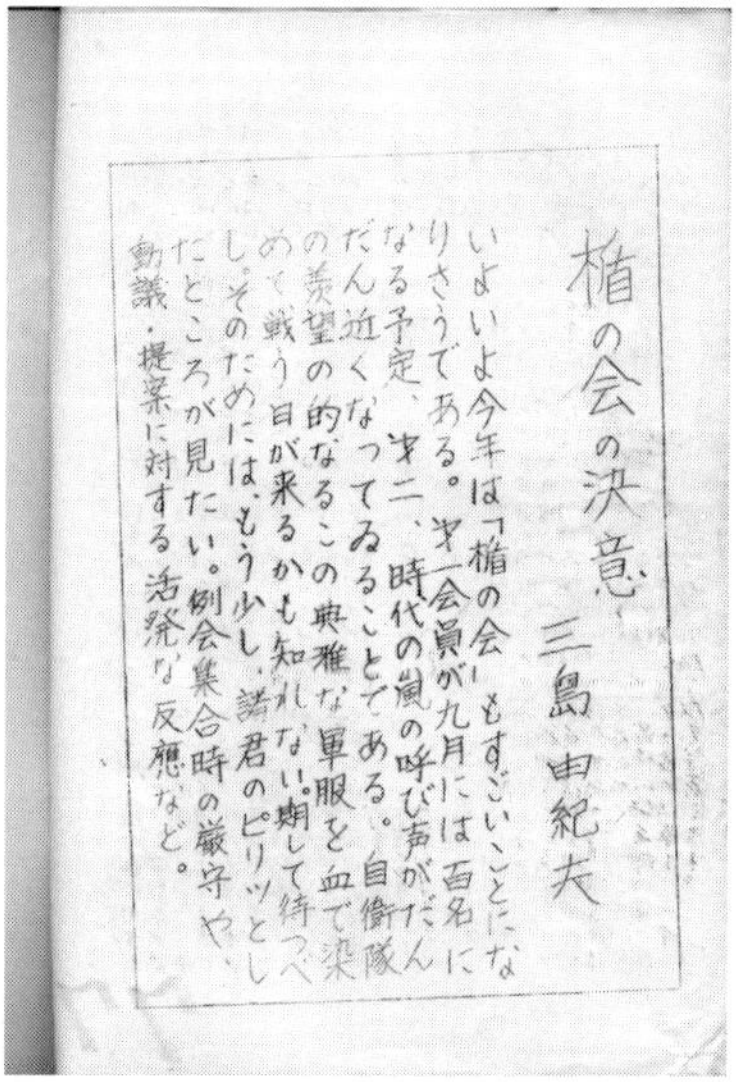

楯の会の決意　三島由紀夫

いよいよ今年は「楯の会」もすごいことになりさうである。第一、会員が九月には百名になる予定、第二、時代の嵐の呼び声がだんだん近くなつてゐることである。自衛隊の羨望の的なるこの典雅な軍服を血で染めて戦う日が来るかも知れない。期して待つべし。そのためには、もう少し、諸君のピリツとしたところが見たい。例会集合時の厳守や、動議・提案に対する活発な反應など。

また『楯』には、「〃楯の会〃２月例会討論資料」が掲載されている。

〃楯の会〃２月例会討論資料

昭和44年２月15日　市ヶ谷会館

13：00　開会　引き続き昼食

連絡事項（持丸）

１．半長靴、作業服支給の件

２．日曜日の体育訓練の件

３．２月特別訓練の件（参加者のみ別紙）

４．リフレッシャーコースの件

○期日　３月９日〜３月15日

○集合場所　新宿駅地下（西口）噴水のまわり

○集合時間　３月９日（日）13時00分（時間厳守）

但し、13時40分発小田急〃あさぎり３号〃に乗車

御殿場到着は15：20

なお、直接現地に行くものはあらかじめ申し出ること。

○注意事項　全員制服、作業服半長靴、作業帽、持参のこと（最初から着ていってもよい）

その他所持品は各持《（ママ）》心がけること。

○引率者　森田必勝、小野寺彰、の指示に従うこと。

5．3月体験入隊の件

○実施地　陸上自衛隊富士学校滝ヶ原駐とん地

　静岡県御殿場市滝ヶ原　0550—2—0712

○期日　3月1日～3月30日（期間中の離隊は認めず）

○所持品　運動着　運動靴　半長靴　作業着　作業帽　洗面具　筆記用具　学生証　あつ目の靴下　セーター

　小遣い賃　下着類　その他

○集合場所　新宿駅西口地下、噴水前（交番横）

○集合時間　午前8時30分（時間厳守）

但し、9時10分発あさぎり2号、御殿場着10時45分

同行者は、三島先生、持丸、下山の三名

なお、直接現地に行くものはあらかじめ申し出られたい。

○注意事項　現地は気候の変化が激しいので、健康には特に留意すること。

6．精密検査の件　2月27日9時市ヶ谷自衛隊衛生課まで

7．作業帽用の徽章の配布

8．消極的会員処遇の件

　本会の公式な会合に3度連続欠席した場合勧告の上、引き続き来ない場合は、脱会とみなす。脱会

者からは、制服及び作業服類を返却してもらう

9．その他

14：00　3月入隊者の自己紹介
14：30　訓練風景の映写
14：40　旧体験者の挨拶　原昭弘　下山芳行
　　　　三島由紀夫先生の挨拶　庄司晃通氏挨拶
14：50　会員提案　体育訓練の件（菅谷）
　　　　編集局用資金の件（平山）
　　　　その他
フリートーキング（席をはずして自由に）
16：00　閉会

この例会は三月新入隊者の壮行会を兼ねたもので、楯の会の雄姿を撮ったフィルムが上映された。そして森田は三島由紀夫とともに、三月九〜十五日まで行われたリノレッシャーコースに引率者として参加している。

（「リフレッシャー」については九十七ページ参照）

リフレッシャーにて（前列右から５人目が三島、７人目が森田）

『文化防衛論』

三島の『文化防衛論』は、昭和四十四年四月二十五日に新潮社から刊行された。本書を刊行するにあたって、三島が編集者に指示した内容が残っている。

『文化防衛論』はそれぞれの時点が大切ゆゑ、目次も左の如く、発表（雑誌の名目上の月ではなく）年月入りでお願ひいたしたく存じます。

〈目次〉

文化防衛論（昭和四十三年七月）
橋川文三氏への公開状（昭和四十三年九月）
『道義的革命』の論理（昭和四十二年二月）
自由と権力の状況（昭和四十三年十月）
二つのティーチ・イン
一ツ橋大学（昭和四十三年七月）
早稲田大学（昭和四十三年十月）

しかし実際の『文化防衛論』の目次は以下の通りであった。

目次には発表年月が入らなかったが、三島の指示に従い巻末に六ページの「付・本書関連日誌（一九六八年）」があり、発表誌と発表年月の一覧が掲載されている。三島は「あとがき」に次のように記した。

本書に収めたのは、昭和四十二年から四十四年にわたる私の政治論文、対談、ティーチ・インの速記などである。小説『英霊の声』を書いたのちに、こうした種類の文章を書くことは私にとって予定されていた。（中略）

私のこれらの文章が、行動と並行しつつ、行動の理論化として書かれたことも疑いがない。このような相関関係は、本来、文学の世界にはなく、政治の世界にのみあるものであり、本書は政治的言語で書かれている。（中略）

私の唱える文武両道のうち、本書は純粋に『武』に属しているのである。少なくとも私の『武』に属する現実行動を無視して、本書を語ることはできないし、私も亦、そのような行動の裏付なしに、こうした書物を書きたいとは毫も思わなかった。

『武』に属する現実行動とは、私がはじめた『楯の会』という学生のグループのことである

昭和四十四年五月七日、三島は空手の稽古を終えて、水道橋の後楽園から銀座の会員制アートクラブのサロン・ド・クレールに向かった。サロン・ド・クレールでは、同年四月十六日から毎週水曜日の空手の稽古終了後、午後三時から五時まで、三島と楯の会々員が面会する時間（面会日）が設けられていた。会員の中には三島の仕事中に電話をかけて相談を持ちかけたりする者がいたため、仕事の邪魔にならないように、何でも話を聞きます、という時間を作ったのだ。

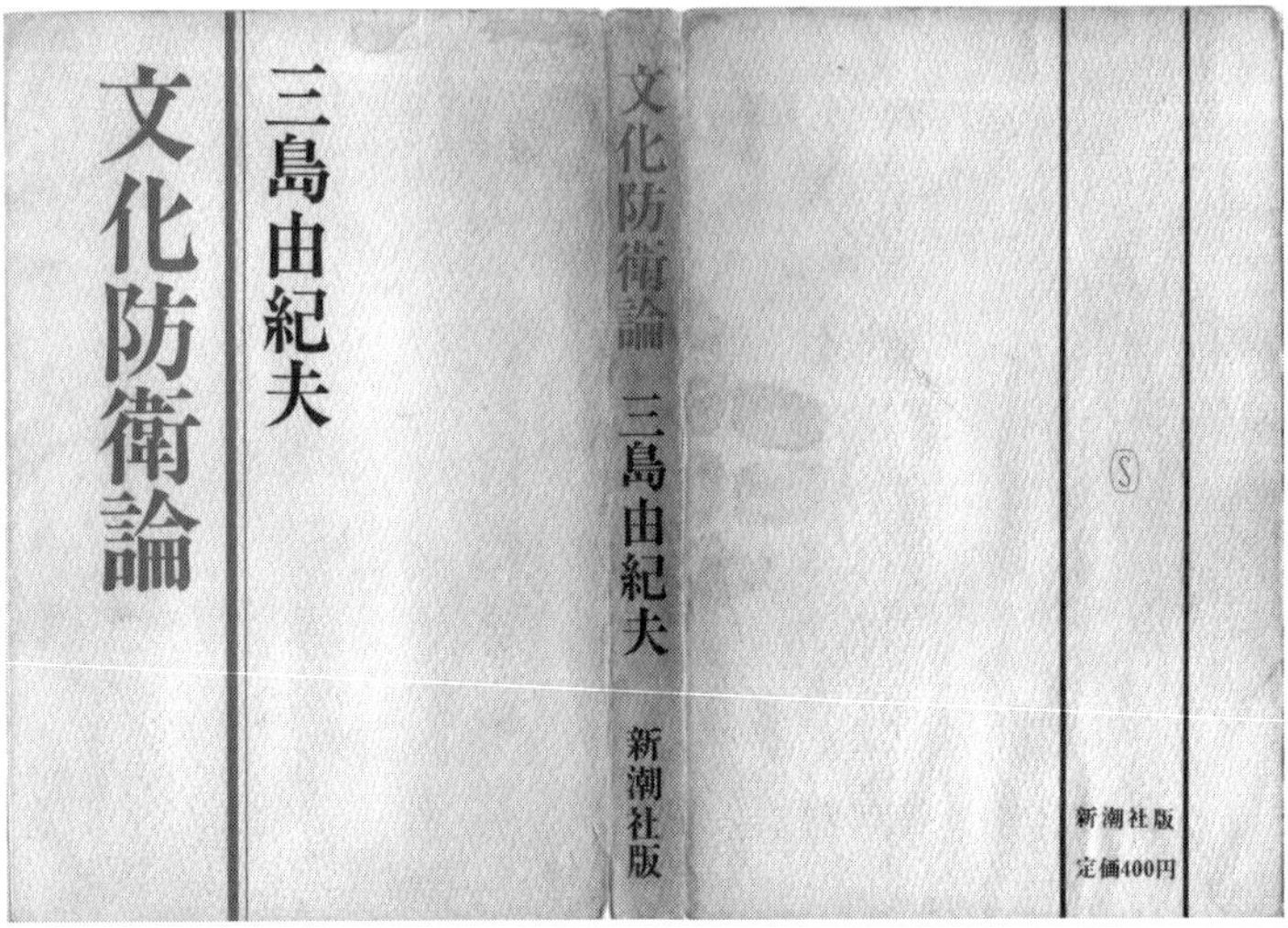

『文化防衛論』森田旧蔵本（著者蔵）

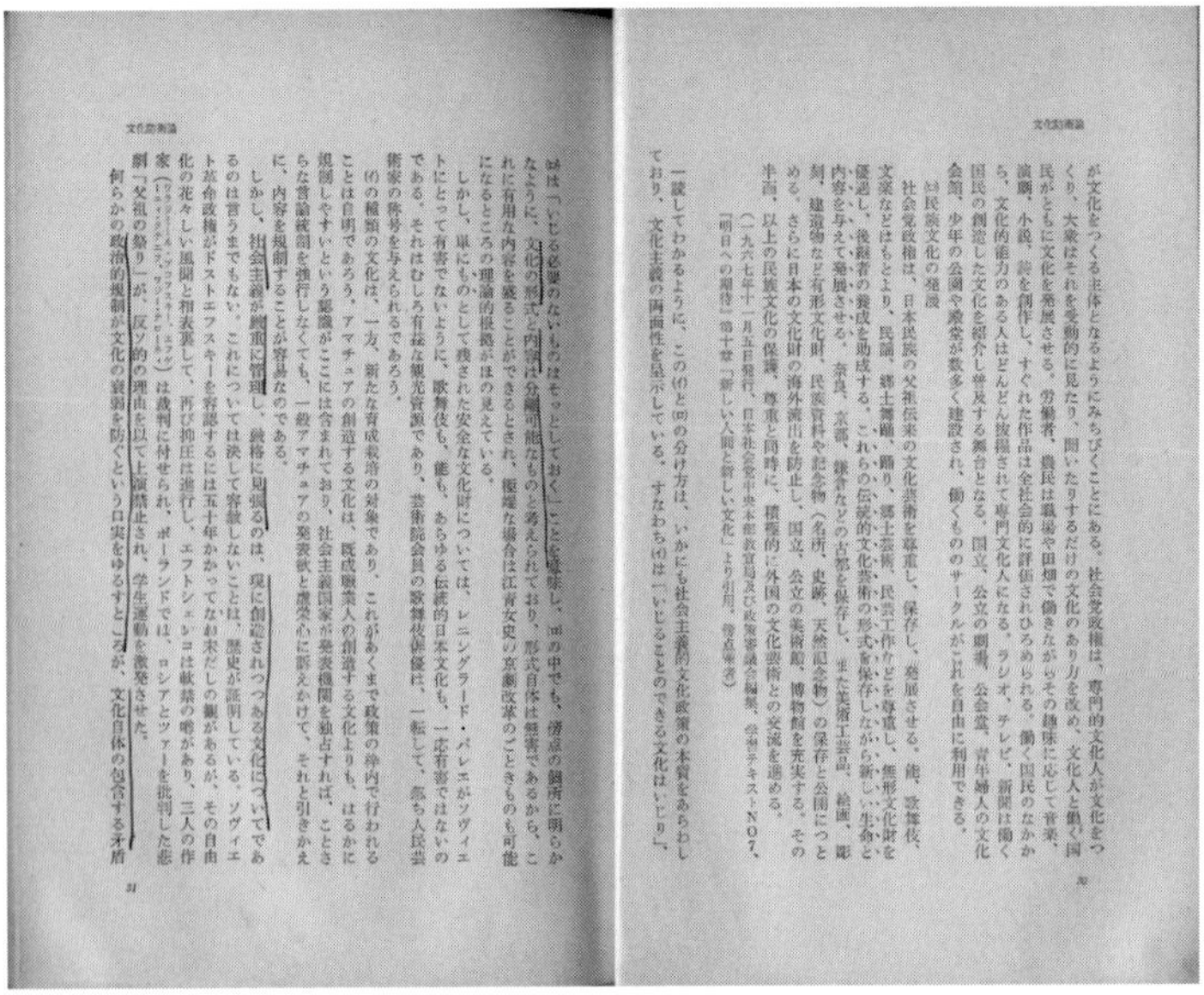

森田による線引き

三島はサロン・ド・クレールに発刊されたばかりの『文化防衛論』を二十冊持参し、希望者に献呈署名を入れて進呈した。森田がもらった『文化防衛論』（著者蔵）がこの日に署名されたものかは定かでないが、他の会員がこの日にもらった献呈署名本の筆勢と比べると、森田もこの日に進呈された可能性が高い。ちなみに森田旧蔵の『文化防衛論』には、本の背表紙の部分を右手で掴むことによってできた森田の手形が白いカバーに残され、本文には森田が引いた多数の傍線がある。

三島から森田への献呈署名

三島由紀夫VS東大全共闘

昭和四十四年五月十三日、三島は駒場の東京大学九〇〇番教室で東大全共闘との討論集会に参加した。主催は東大全学共闘会議駒場共闘焚祭委員会。「東大焚祭」の企画であった。東大焚祭の期間は「自昭和四十四年五月十二日至國家廃絶之日」で、討論集会は二日目に開催。この討論の内容は、『討論三島由紀夫VS東大全共闘〈美と共同体と東大闘争〉』として、昭和四十四年六月に新潮社から刊行された。

討論当日、会場入口には「東大動物園特別陳列品『近代ゴリラ』」と描かれたポスターが貼られ、これを見て三島は笑った。またその周囲では、ポスターを見る三島を見て全共闘のメンバーが笑い、三島は楯の会々員に「大丈夫だ。笑いから闘争は生まれないよ」と言った。

場内は満員で、玄関のところもひどい人混みであったが、私はどこから入ってよいかわからず入口のところでうろうろしてゐた。

ふと見ると、会場入口にゴリラの漫画に仕立てられた私の肖像画が描かれ、『近代ゴリラ』と大きな字が書かれて、その飼育料が百円以上と謳ってあり、『葉隠入門』その他の私の著書からの引用文が諷刺的につぎはぎしてあった。私がそれを見て思はず笑ってゐると、私のうしろをすでに大勢の学生が十重二十重と取り囲んで、自分の漫画を見て笑ってゐる私を見て笑ってゐた。その雰囲気自体から私はすでにこの会合には笑ひが含まれてゐるといふことに気がついた。その笑ひは冷笑であり嘲笑であってもよいが、少

討論集会のポスター

ポスターを見て笑う三島

くとも人は笑ひながら闘ふことはできない。

（『討論三島由紀夫VS東大全共闘――美と共同体と東大闘争』）

討論について、三島は次のように書いている。

パネル・ディスカッションの二時間半は、必ずしも世上伝はるやうな、楽な、なごやかな二時間半であったとはいへない。そこには幾つかのいらいらするやうな観念の相互模索があり、また、了解不可能であることを前提としながら最低限の了解によってしか言葉の道が開かれないといふことから来る焦燥もあった。その中で私は何とか努力してこの二時間半を充実したものにしたいといふ点では全共闘の諸君と同じ意志を持ってゐたと考へられるし、また、私は論争後半ののどの渇きと一種の神経的な疲労と闘わなければならなかった。

また三島は「パネル・ディスカッションのために用意した論理の幾つか」を、

一は暴力否定が正しいかどうかといふことである。
二は時間は連続するものか非連続のものかといふことである。
三は三派全学連はいかなる病気にかかってゐるのかといふことである。
四は政治と文学との関係である。
五は天皇の問題である。

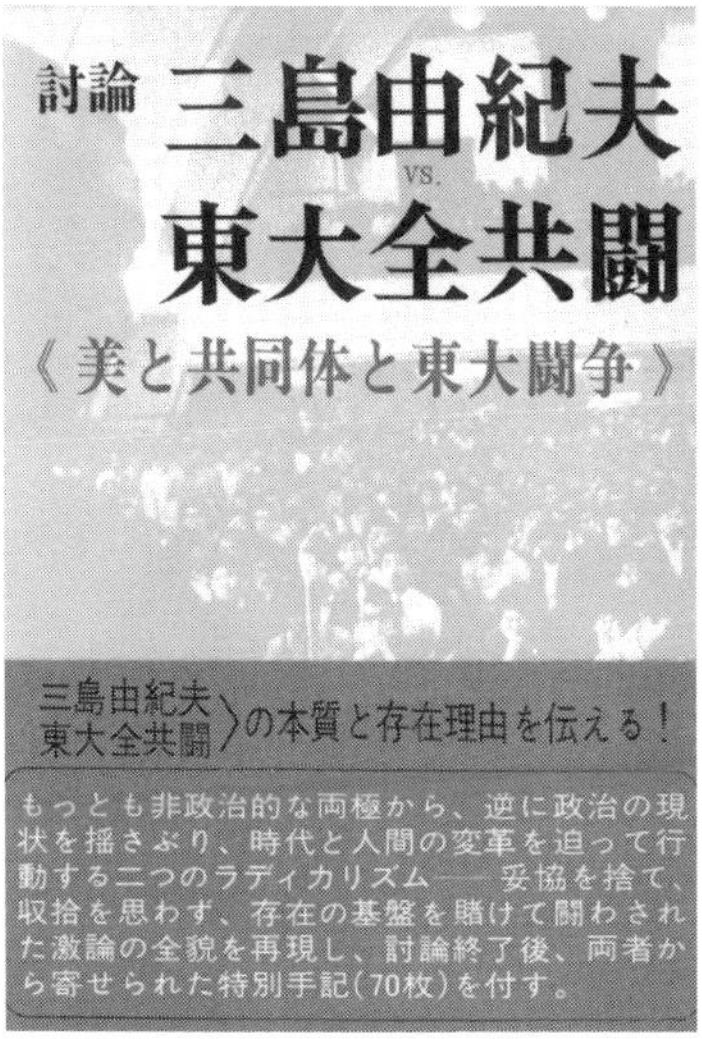

単行本

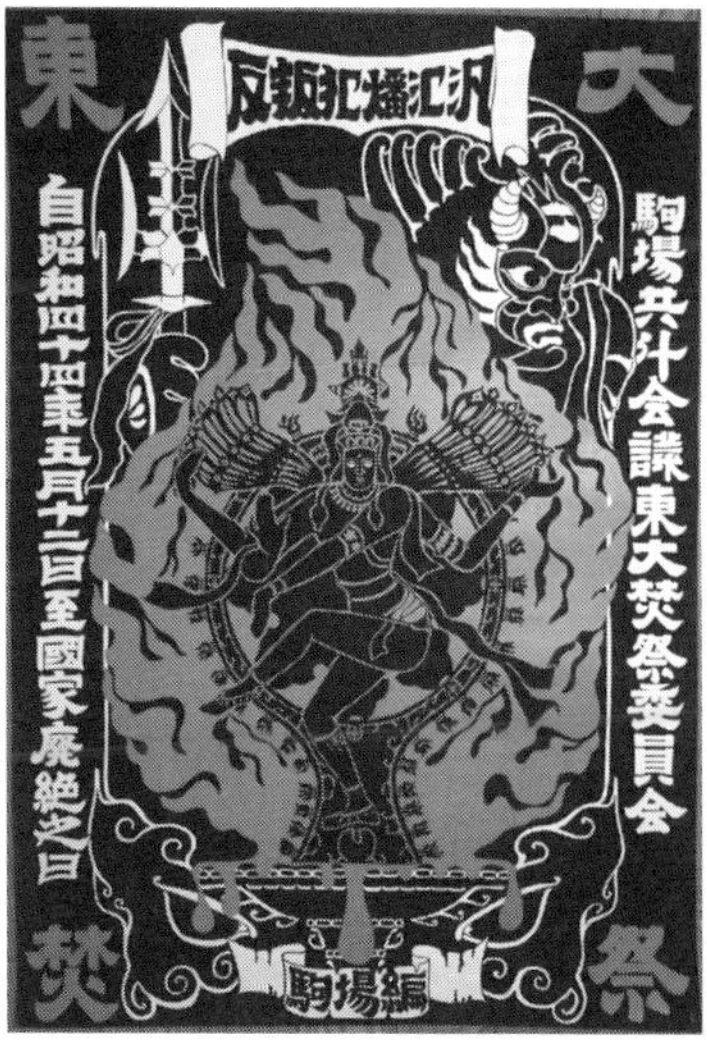

東大焚祭ポスター

討論集会での三島と学生たち（Ⓒ新潮社）

の五項目に箇条書きして提示し、同書の「討論後の手記」の中で詳しく論じている。

当時の週刊誌には三島は「単騎乗り込んだ」と書かれているが、実際には楯の会々員の森田、持丸、川戸志津夫が護衛の為に同行した。討論を終えて引き上げる「サムライＹＵＫＩＯの悠々たる退場」という写真があり、三島より少し離れて歩く森田が写っている。この後、近くの飲食店に入った三島は公衆電話で自宅の妻に、無事討論集会が終ったことを報告した。

なおこの討論会は、五十年を経て今年三月、「三島由紀夫ＶＳ東大全共闘――50年目の真実」という映画になった。ＴＢＳが保存していた動画フィルムをもとに制作されたドキュメンタリー映画で、討論会に参加した東大全共闘メンバー、楯の会々員の他、三島をよく知る識者への新たなインタビューを交えた内容である。五

東大での三島と森田（Ⓒ新潮社）

十年前に三島が東京大学九〇〇番教室で語った言葉は、決して過去の言葉ではない。言葉の持つ力を信じていること、どんなに西洋化が起ころうとも日本人の日本人らしさは決して失われないことなどを、三島は丁寧な物言いで東大全共闘に説明している。三島の言葉は、現代を生きる我々にも直に語りかけてくるようだ。

ところで『討論三島由紀夫VS東大全共闘――美と共同体と東大闘争』の印税で、三島は楯の会の夏期用制服を新調した。この夏期用制服には二十一個の金ボタンが使用され、そのひとつひとつに楯の会の徽章があしらわれている。これについて、三島は次のように語っている。

今年の五月、たまたま私はRadical Leftistの学生たちの集会へ呼ばれて、そこでスリリングな論争をやった。それが本になり、ベストセラーになった。論争の相手の学生たちと私とは、印税を折半にする約束をした。そこで彼らは、多分ヘルメットとモロトフ・カクテルを買い、私は『楯の會』の夏服を誂えた。みんなはこれを、わるくない取引だと言っている。

（「『楯の會』のこと」）

楯の会被服貸与規定は以下の通りであった。

楯の会被服貸与規定

一、楯の会の被服の貸与については、この規定の定めるところによって実施される。
二、会則の定める所定の資格を与えられた会員は、次の品目を貸与される。
　一、制服上下（ベルト附）一式及び制帽一

一、夏期用制服上下一式及び帽覆一
一、作業服上下一式及び作業帽一
一、半長靴一足
一、特殊警棒一及び警棒覆一
一、被服の貸与を受けた会員は、会の規定に従って脱会、又は会員としての資格を剥脱されたときは、貸与品をすみやかに返納しなければならない。
一、被服品の着用規定については別に定める。

制服姿の三島

制服姿の森田

森田の夏期用制服の写真は、三島事件当日にサンデー毎日の徳岡孝夫とＮＨＫの伊達宗克に渡された封筒に入っていた一葉である。

学生長・森田必勝

第四回楯の会陸上自衛隊体験入隊は、昭和四十四年七月二十六日から八月二十三日まで行われた。四期生を含めて楯の会の会員数は八十二人となった。昭和四十四年九月十四日、最初の班編成表が完成している。

本部　三島由紀夫、持丸博、森梅賢三

森田必勝班、　副班長・小川正洋　他７名

倉持　清班、　副班長・勝又武校　他７名

伊藤好雄班、　副班長・細郷輝久　他８名

下山芳行班、　副班長・藤井雅紹　他８名

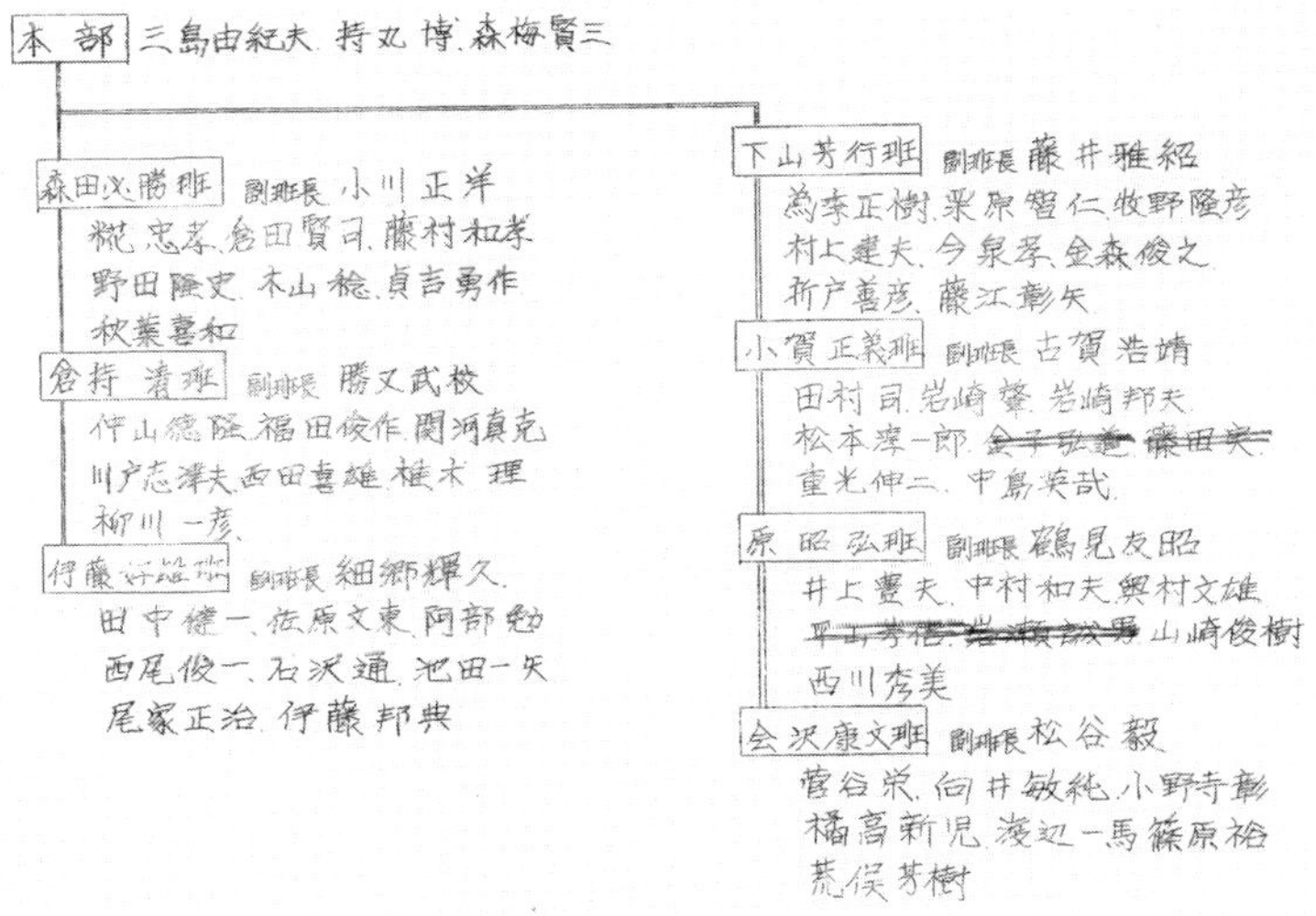

楯の会班編成表

小賀正義班、副班長・古賀浩靖　他8名
原　昭弘班、副班長・鶴見友昭　他7名
会沢康文班、副班長・松谷　毅　他7名

この班編成表で確認できる隊員は三島隊長以下六十八人で、森田は班長となった。そして本部に持丸の名前がある。持丸は昭和四十二年の早大国防部の北海道北恵庭自衛隊体験入隊にはじまり、楯の会第一回体験入隊から第四回体験入隊まで、約二年間にわたり楯の会学生長並びに楯の会事務局として指揮を執ってきた。いわば楯の会の中心メンバーだ。

ところがこの時期、持丸が副編集長を務め、楯の会の事務局を置いていた育誠社『論争ジャーナル』に資金問題が生じていた。後に持丸は「楯の会とはいわば表裏一体としてマスコミ界に新風を吹きこんできた論争ジャーナルは、昭和四十四年頃から経営がきわめて悪化し」「右翼系のある財界人から資金援助を受ける」（「楯の会と論争ジャーナル」決定版『三島由紀夫全集』第三十二巻月報、平成十五年）と記している。これは昭和四十四年、『論争ジャーナル』編集部の中辻和彦編集長が、実業家・政治活動家として有名な田中清玄から資金援助を受けたことを指す。

このことが原因となり、『論争ジャーナル』系の人々はいずれも「楯の会」を退会したが（だから彼らの名は先の班編成表にない）、持丸だけは、楯の会の仕事に専念してくれれば生活の面倒は見ると、三島が提案し引き留めた。しかし持丸はこれを断り、昭和四十四年十月十二日の月例会で退会の挨拶をし、楯の会を去った。ゆえに九月十四日に発表された班編成は、二週間後の持丸の退会によって暫定的なものにならざるを得なくなったのである。

三島はこの時の経験を踏まえ、「私は又、この小さな運動をはじめてみて、運動のモラルは金に帰着することを知った。『楯の会』について、私は誰からも一銭も補助を受けたことはない。資金はすべて私の印税から出てゐる。百人以上に会員をふやせない経済上の理由はそこにある」（「『楯の会』のこと」）と書いている。

三島は持丸の楯の会退会が決まると、森田と倉持清を呼び、「二人で相談して、どちらかが学生長をやりなさい」と指示した。森田も倉持もともに楯の会一期生であるが、森田は倉持よりも二歳年上、学年も一学年上であった。そこで倉持は、森田が学生長になることをすぐに提案した。倉持は楯の会の最大派閥尚史会（五十二ページ参照）の元幹事長で、会員からの信頼も厚い。だが三島が二代目学生長に森田を指名したのではなく、森田と倉持が相談の上で決めたとなれば、尚史会の会員も文句があろうはずはなかった。もちろん三島は、森田と倉持が相談して学生長を決めるとなれば、倉持が森田を学生長に薦めるであろうことは想定内だったのである。

持丸に代わって森田が学生長となったことで、楯の会の事務局も育誠社の論争ジャーナル編集部から森田宅へ移された。そして昭和四十四年十月まで持丸が作成していた月例会の案内状は、翌月から倉持の担当となった。

この昭和四十四年十月の特記すべき事項とし

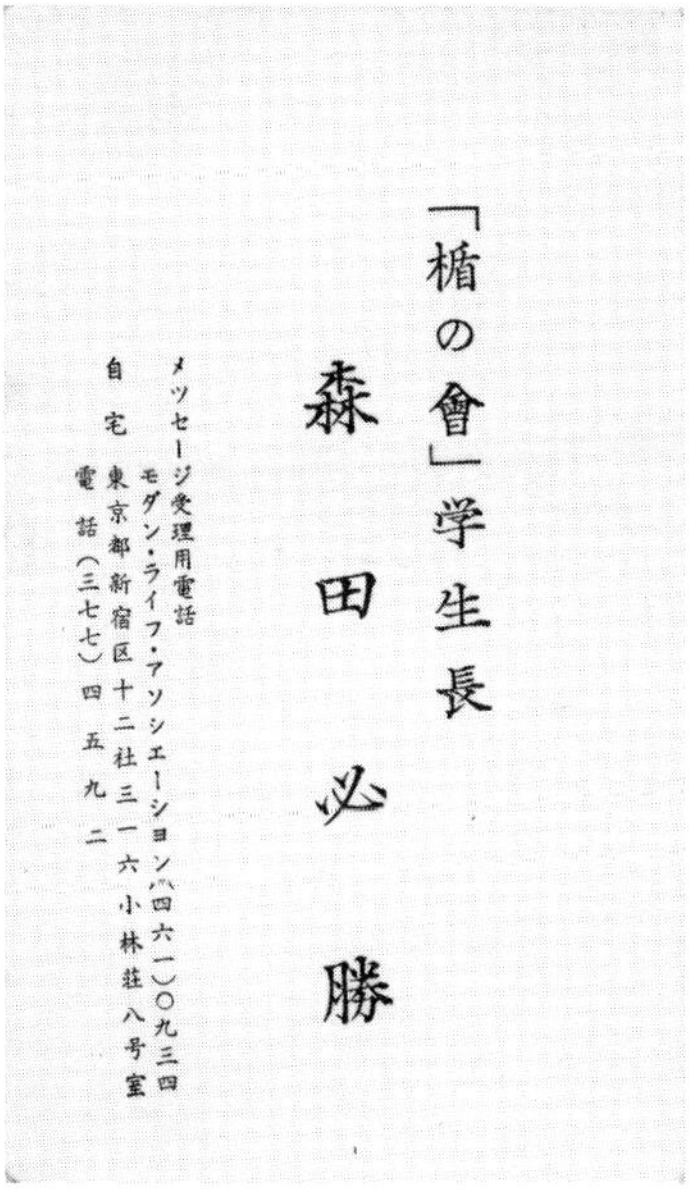

森田の名刺（著者蔵）

ては、二十一日の国際反戦デーが挙げられる。

国際反戦デーは、日本労働組合総評議会（総評）がベトナム反戦を中心に実施したストライキで、世界各国の労働組合から支持声明が寄せられた。以後十月二十一日は国際反戦デーとなっている。昭和四十三年の国際反戦デーは新宿騒乱と呼ばれ、学生らが国会議事堂や六本木の防衛庁に侵入し、新宿駅構内を占拠し放火。騒乱罪が適用され多数の逮捕者を出した。

三島は楯の会々員とともに新宿へ出かけ、極左勢力が警察により鎮圧されるのを見た。これは取りも直さず、自衛隊が治安出動し、その前段階として楯の会が出動する機会がないことを意味する。このことが楯の会の行動目標を大きく変えることになったのである。

第四章

最後の一年

自衛隊体験入隊

昭和四十四年十一月三日、楯の会一周年記念パレードが国立劇場屋上で行われた。招待状と式次第は以下の通りである。

時下益々御清祥の段お慶び申上げます

扨『対間接侵略の民間防衛の実験組織』として四年前より準備にかかりました『楯の会』はやうやく結成後一年を経ました

ここに十一月三日の佳日を選み　観閲者として『楯の会』第一期生以来その育成に絶大の御後援をいただいた元陸上自衛隊富士学校長碇井準三氏を迎へパレードを催ほすことになりました

何卒御清鑑を煩はしたく存じます

昭和四十四年十月

『楯の会』代表責任者

三島由紀夫

一、十一月三日（月）文化の日

午後二時三十分　開場・演奏

午後三時より三時十五分まで　パレード
午後三時三十分より五時まで　パーティー
○演奏—陸上自衛隊富士学校音楽隊
二、会場—千代田区隼町十三（三宅坂）
国立劇場（駐車場有）
パレード　—同劇場屋上
パーティー—二階大食堂
三、パーティー次第
代表者挨拶

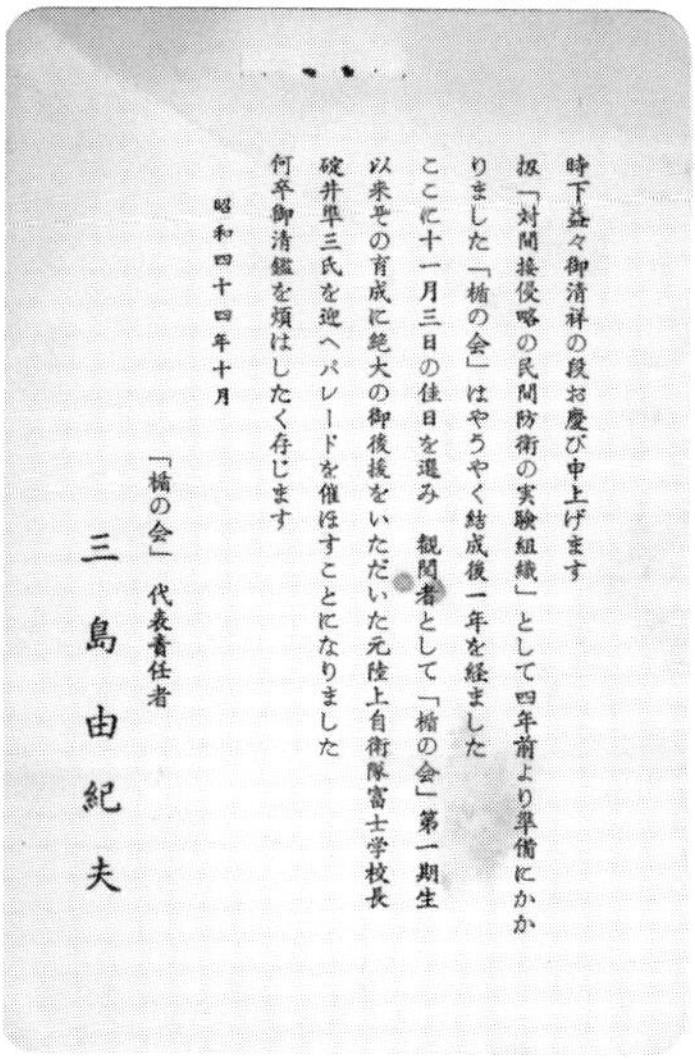

時下益々御清祥の段お慶び申上げます
扨「対間接侵略の民間防衛の実験組織」として四年前より準備にかかりました「楯の会」はやうやく結成後一年を経ました
ここに十一月三日の佳日を選み　観閲者として「楯の会」第一期生以来その育成に絶大の御後援をいただいた元陸上自衛隊富士学校長碇井準三氏を迎へパレードを催ほすことになりました
何卒御清鑑を煩はしたく存じます

昭和四十四年十月

「楯の会」代表責任者
三島由紀夫

招待状

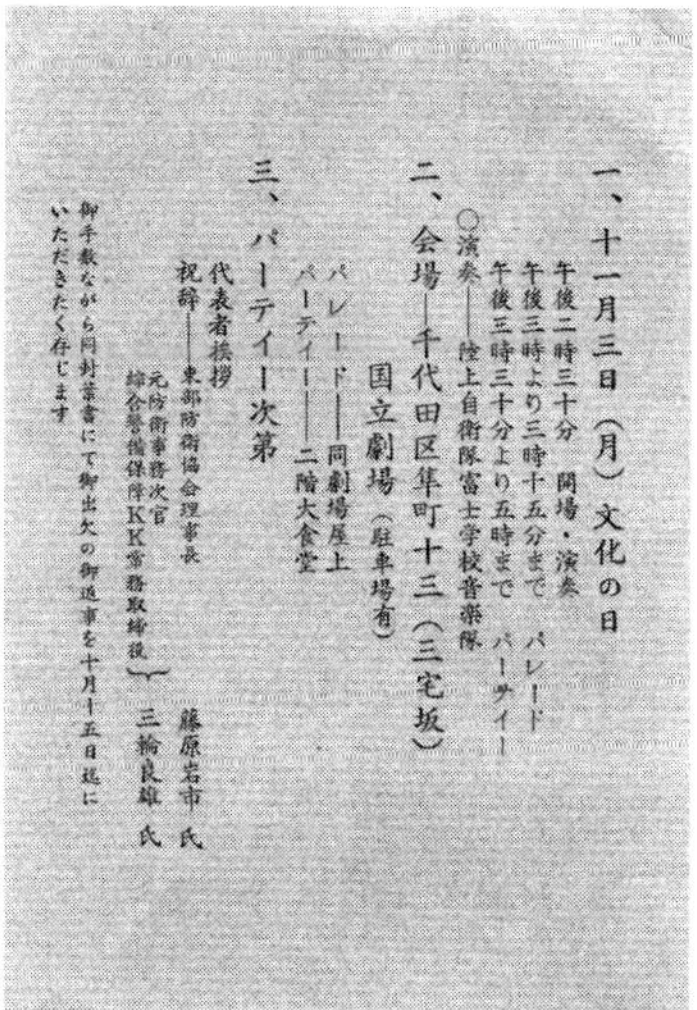

一、十一月三日（月）文化の日
午後二時三十分　開場・演奏
午後三時より三時十五分まで　パレード
午後三時三十分より五時まで　パーティー
○演奏——陸上自衛隊富士学校音楽隊
二、会場—千代田区隼町十三（三宅坂）
国立劇場（駐車場有）
パレード——同劇場屋上
パーティー——二階大食堂
三、パーティー次第
代表者挨拶
祝辞——東部防衛協会理事長　藤原岩市氏
元防衛事務次官
綜合警備保障KK常務取締役　三輪良雄氏
御手数ながら同封葉書にて御出欠の御返事を十月十五日迄にいただきたく存じます

式次第

祝辞―東部防衛協会理事長　藤原岩市氏
元防衛事務次官
総合警備保障ＫＫ常務取締役　三輪良雄氏
御手数ながら同封葉書にて御出欠の御返事を十月十五日迄にいただきたく存じます

三島は『「楯の会」のこと』というタイトルの小冊子を作成し、来場者に進呈した。「私が組織した『楯の会』は、会員が百名に満たない、そして武器も持たない、世界で一等小さな軍隊である。毎年補充しながら、百名でとどめておくつもりであるから私はまづ百人隊長以上に出世することはあるまい」で始まる十二ページの冊子である。森田は楯の会学生長として、パレードの先頭を行進した。

そして翌昭和四十五年三月一日から三月二十八日まで、第五回楯の会陸上自衛隊体験入隊が行われた。これは森田が学生長として初めて臨む体験入隊であり、案内状を楯の会の入会期別に二種類作るなど、細やかな心配りが感じられる。

第五回陸上自衛隊体験入隊者名簿で確認できる体験入隊者数は二十六人。その中の一人は不参加で、一人が入隊初日に脱落した。また、昭和四十五年の楯の会名簿では五期生二十五人が確認され、体験入隊名簿に名前の記載のない隊員が一人いた。

最年少の参加者は、昭和二十六年三月九日生まれで十八歳の村田春樹であった。ところが体験入隊名簿の記載は「Ｓ24・３・９」となっていたので、村田は森田に訂正を申し出ている。

敬礼する三島

小冊子『「楯の会」のこと』

楯の会のパレード（先頭が森田）

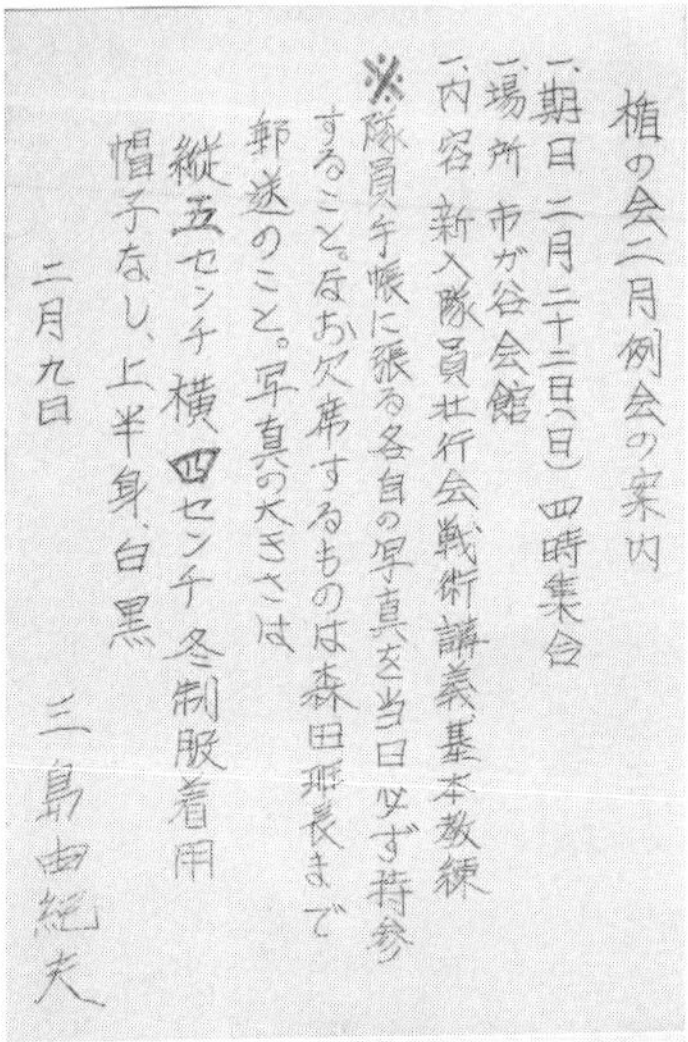

楯の会二月例会の案内
一、期日　二月二十二日(日)　四時集合
一、場所　市ガ谷会館
一、内容　新入隊員壮行会戦術講義基本教練
※隊員手帳に張る各自の写真を当日必ず持参すること。なお欠席するものは森田班長まで郵送のこと。写真の大きさは
縦五センチ　横四センチ　冬制服着用
帽子なし、上半身、白黒
二月九日
三島由紀夫

一期〜四期生用の案内状

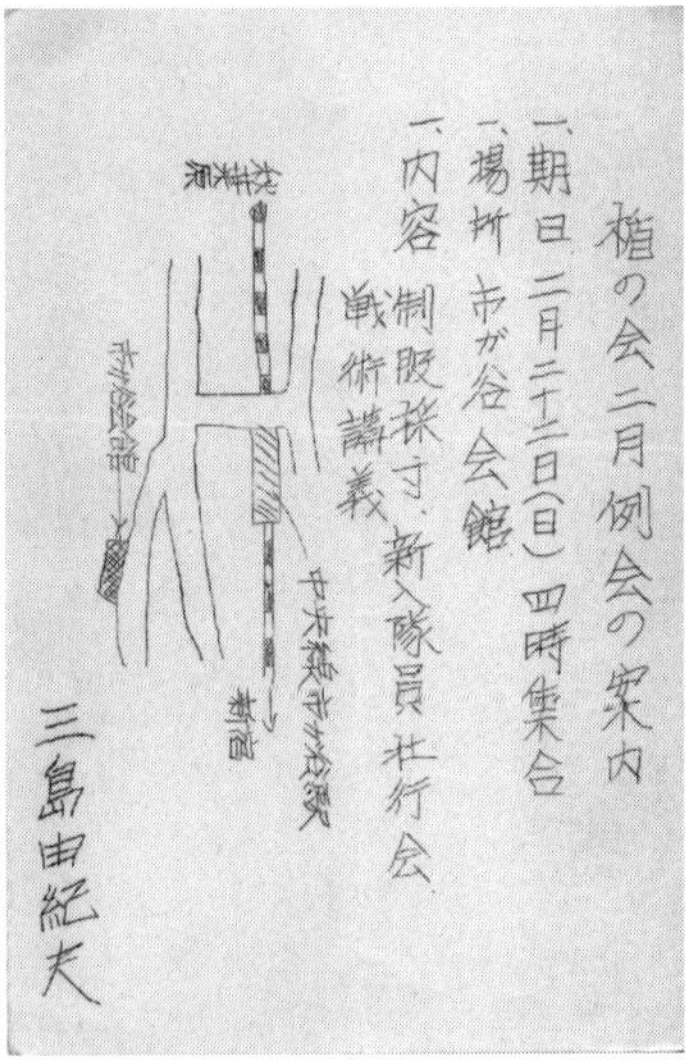

楯の会二月例会の案内
一、期日　二月二十二日(日)　四時集合
一、場所　市ガ谷会館
一、内容　制服採寸、新入隊員壮行会
戦術講義
三島由紀夫

五期生用の案内状

入隊から十日目、私は十九歳になった。仲間に配布された名簿には私は昭和二十六年生まれなのに二十四年とあった。訂正を申し出ると森田さんは、／『若過ぎるから二歳さば読んだんだよ。』／と笑っていた。

（村田春樹『三島由紀夫が生きた時代』青林堂、平成二十七年）

第五回陸上自衛隊体験入隊者名簿で確認できる指導学生は、「小川正洋、倉持、森田」であるが、実際は「勝又武校、小川、森田」が担当した。村田は「全員一部屋で二段ベッド。三班に分類された。部屋で全員が起立して指導学生である三人の訓示を受けた。指導学生は学生長の森田必勝さんを頭に勝又武校さん（三期生・早大）、小川正洋さん（三期生・明治学院大）」と回想している。

また、村田は森田について「私の同期の植松正規氏は森田さんと新宿で待ち合わせしたが、田舎者だった植松氏は待ち合わせ場所が分からず結局会えずじまいであった。が、森田さんは全く怒らず次の待ち合わせ場所にニコニコと現れた。一言も小言を言わなかった」と記している。

入隊直後に体力検定が行われ、「体力検定基準表」（公報番号542）によれば、種目は百ｍ走、ソフトボール投、懸垂屈臂、走巾跳び、土のう運搬、一五〇〇ｍ走の六項目であり、それぞれの基準点が一級から六級に分かれていた。備考欄には「1・各種目の成績がいずれも最左欄の某級の最低基準を超えている場合は次項の基準点数のいかんにかかわらず等該級の格付とする。／2・各種目の成績を配転票によって点数に換算し、その合計点が下記基準点数にあるときは下記の相当の級に格付けする。／ただし一種目でも20点（含まず）以下の成績の者は／合計点数のいかんにかかわらず級外とする」とある。基準点数は「6級　120～249／5級　250～299／4級　300～349／3級　350～399／2級　400～449／1級　450以上」であった。

村田は、「入隊直後本職の自衛官と同じ体力検定があった。百メートル走、ソフトボール投げ、懸垂、走り幅跳び、土嚢運び五〇メートル走、千五〇〇メートル走があった。各種目で一級から六級までであり、総合でも一級から六級に判定された。私はボール投げが距離測定不能、つまり想定された落下地点の遙か手前に落ちてしまい測定できず総合で級外。級外は私以外にはいなかったのではなかったかと思う。これに

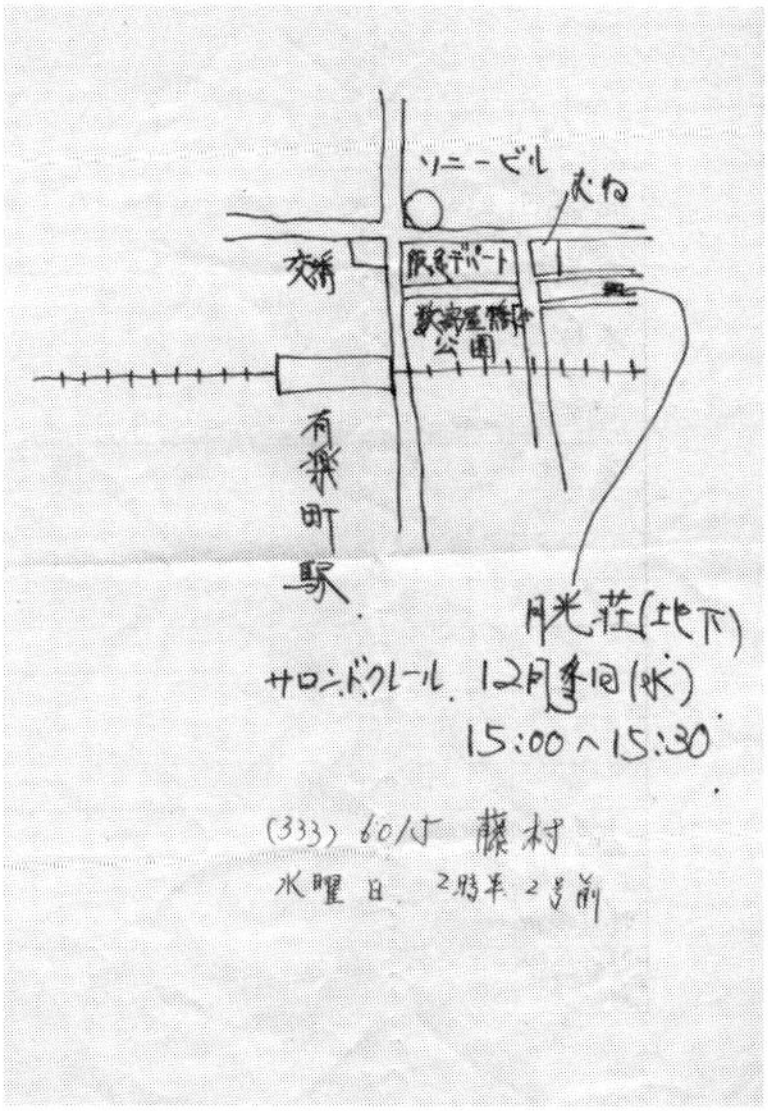

森田が植松に書いたサロン・ド・クレール（71ページ参照）の地図（著者蔵）

は森田さんも怒るかと思ったが、笑い飛ばされただけだった。幸い（?）除隊直前の体力検定では無事六級が取れた」と記している。

自衛隊体験入隊終了後の昭和四十五年四月十九日（日）、新会員の五期生も参加して四月例会が行われた。ここで新しい班編成が発表され、五期生を含めて楯の会の会員数は九十八人となった。「昭和四十五年度班編成表」は以下の通りである。

1班　班長・森田必勝　副班長・佐原文東　他9名
2班　班長・倉持　清　副班長・仲山徳隆　他8名
3班　班長・伊藤好雄　副班長・細郷輝久　他8名
4班　班長・下山芳行　副班長・藤井雅紹　他8名
5班　班長・小賀正義　副班長・古賀浩靖　他8名
6班　班長・福田俊作　副班長・井上豊夫　他8名
7班　班長・小川正洋　副班長・松谷　毅　他7名
8班　班長・勝又武校　副班長・福田敏夫　他8名
OB班　班長・小野寺彰　副班長・川戸志津夫　他12名
研究班　班長・阿部　勉　副班長・岩崎　肇　他12名

この班編成表で確認できる隊員は八十四人。一班から八班までが行動班で、九班に相当するのが社会人の会

体験入隊の三島

昼食の光景（最後列で口元に食物があるのが森田）

員からなるＯＢ班である。この昭和四十五年の班編成表で、森田必勝は一班の班長であった。研究班は憲法改正草案研究会のことで、一班から八班とＯＢ班に配属された会員からなっていた。

三島との演武

この新しい体制の下で、楯の会は第十三回社団法人日本空手協会「全国空手道選手権大会」（昭和四十五年六月十九・二十日、日本武道館）に参加した。この大会のプログラムには三島の言葉が掲載されている。三島が楯の会々員とともに稽古のため、後楽園の日本空手協会の道場を訪れた際に原稿の依頼があった。三島は締め切りがいつかと聞いて余り時間がないことを知ると、「それじゃ、今書こう」と言って、会員たちが見ている前でさらさらと文を書き上げた。それが以下の文章である。

大会はますます隆盛になり、空手はますます世界を征覇してゆく。『正義は力』だが『力は正義』ではない。その間の消息をもつともよく示してゐるのが、空手だと思ふ。空手は正義の表現力であり、黙した力である。口舌の徒はついに正義さえ表現しえないのである。われわれ『楯の会』も、中山正敏先生の指導の下に、未熟ながら、ますますこの空手の本義を明らめて行きたいと思ふ。

この大会の第二日目、六月二十日（土）の大会プログラムには、「試合と演武」の項に「15、演武、基本組手（楯の会）」の記載があり、三島と楯の会々員による演武、基本組手が行われた。演武の際、三日前に初段に合格した三島は楯の会々員から贈られた黒帯を捲いていた。日本空手協会の主席師範であり、三島に空手の指導をした中山正敏師範は次のように語っている。

過去二年間は入場行進だけで終わっておりましたのですが、本年は楯の会も三島さんの指示のもとに、指導のもとに演武をやりました。最初は、三島由紀夫演武ということで、みんな武道館の中がざわめいておりました。しかしながら、だんだん演武が重なるにつれて、シーンと静まりか

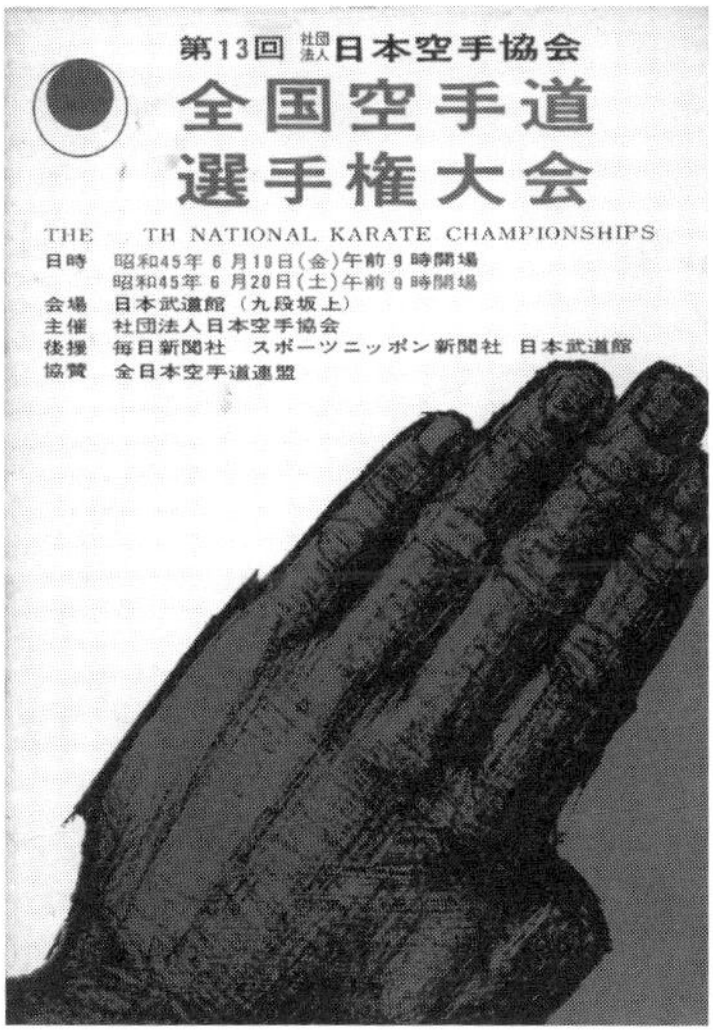

プログラム

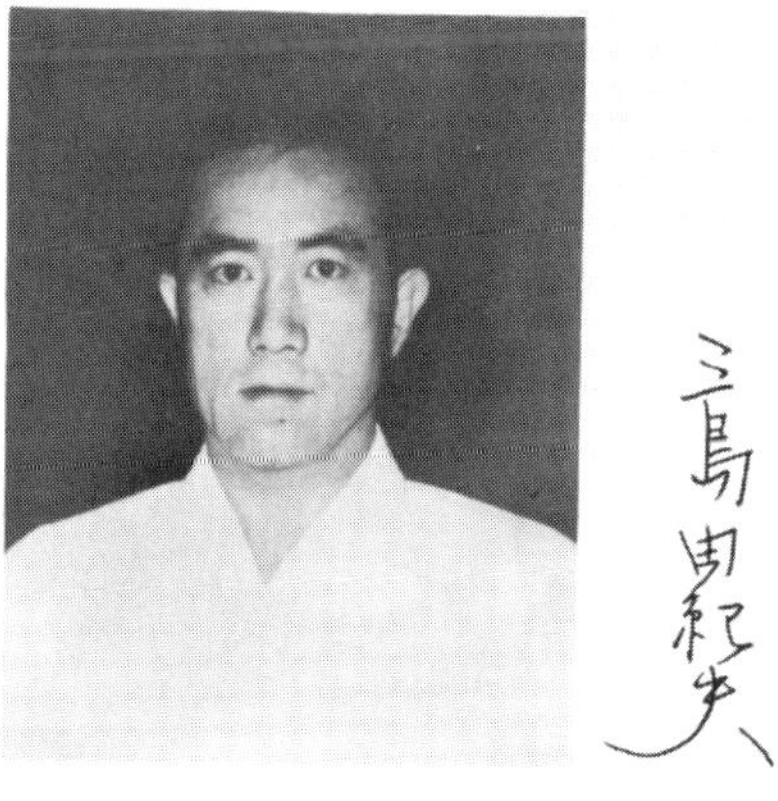

大会はますます隆盛になり、空手はますます世界を征覇してゆく。「正義は力」だが「力は正義」ではない。その間の消息をもっともよく示してゐるのが、空手だと思ふ。空手は正義の表現力であり、黙した力である。口舌の徒はついに正義さえ表現しえないのである。われわれ「楯の会」も、中山正敏先生の指導の下に、未熟ながら、ますますこの空手の本義を明らめて行きたいと思ふ。

三島のメッセージ

右から2番目が三島。右端が森田

三島と森田（後ろ姿）の演武

えるような烈々たる気迫がうかがわれてまいります。特に圧巻であったのは森田青年と三島さんが乱取りをやって、その真剣な気迫には、満場思わず拍手喝采というような場面がございます。（「三島由紀夫追悼の夕べ」豊島公会堂、昭和四十五年十二月十一日）

クーデター計画

「リフレッシャー」とは、「楯の会規約草案」に「一ケ月の体験入隊を終えた者は、練度維持のため、毎年一週間以上の再入隊の権利を有する」と規定された短期自衛隊体験入隊のことである。昭和四十四年三月、第三回楯の会自衛隊体験入隊中に一期生と二期生により最初のリフレッシャーが行われたが、昭和四十四年のリフレッシャーは三月の一回だけであった。

ところが昭和四十五年には、三月、六月、九月、十一月の四回のリフレッシャーが行われた。三月のリフレッシャーは、第五回楯の会陸上自衛隊体験入隊中に九日から十五日まで七日間。六月のリフレッシャーは、二日から四日まで三日間であった。

三島が決起を具体的に計画したのは、「裁判記録」によると昭和四十五年六月であった。そしてすでに十一月二十五日の決起計画が進んでいる中で、十月十二日（月）午後五時、三島は地理研究会という名目で楯の会々員を私学会館に集合させた。三島は廊下に見張りを一人立たせた上で、黒板に大きく「Coup d'état」とフランス語で書いた。「Coup d'état」とは武力政変（クーデター）の意味である。

この会では都内の重要ポイントのチェックが行われた。四期生の井上豊夫は「重要ポイントとはクーデタを

車中の三島

自衛隊にて（6月、左端が森田）

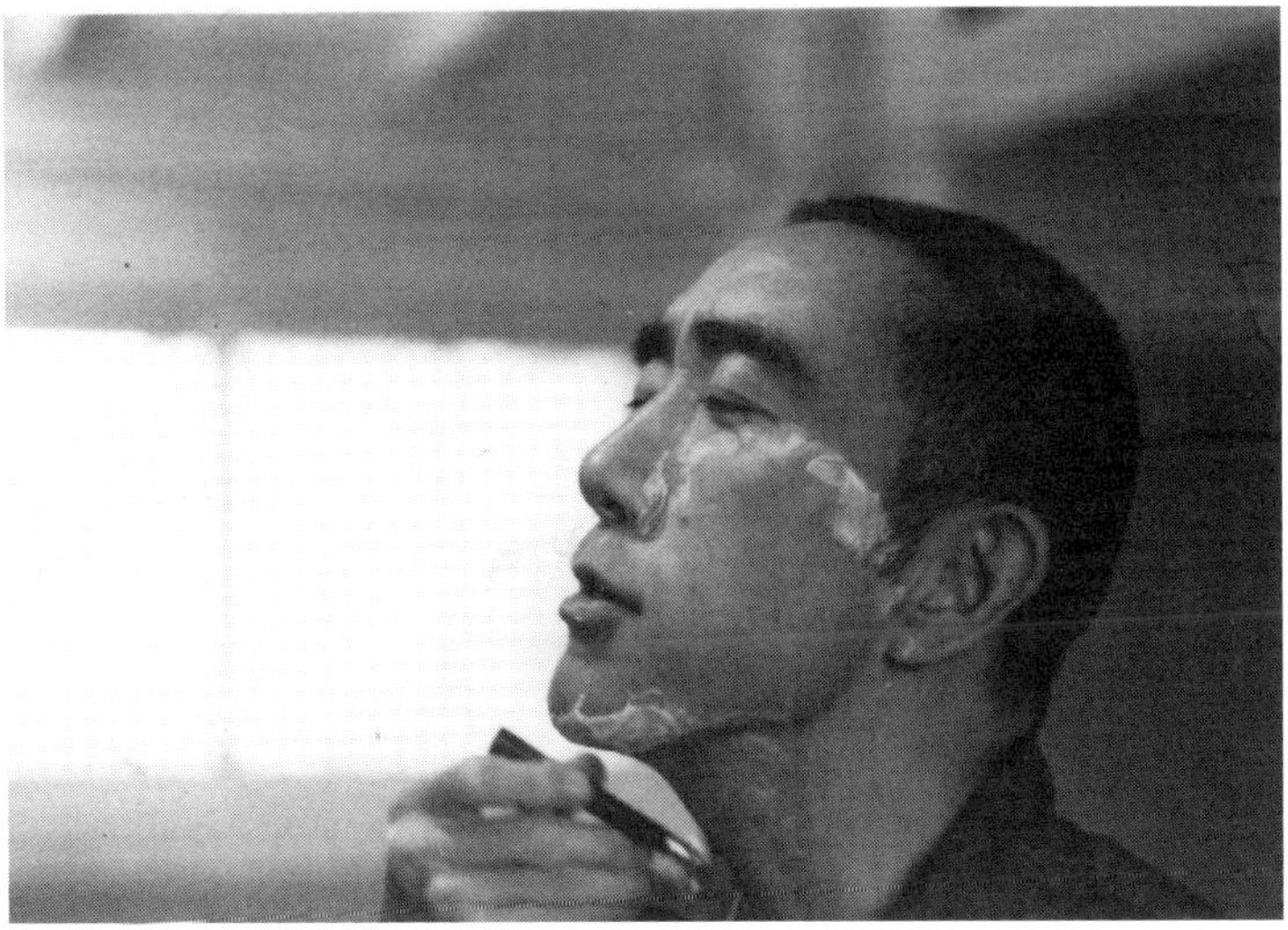

ひげを剃る三島（6月）

集合写真（9月、1列目中央が三島、3列目右から3人目が森田）

起こすときに押さえるべき地勢上のポイントであり、都市機能をマヒさせるために、送電所、火葬場などが具体的に示され、班分けして現場のチェックに行きました。私が行ったのは銀座の地下で、そこを破壊すれば銀座一帯を停電させられるところでした」と記している（井上豊夫「決起一ヶ月前、果し得ていない約束」『三島由紀夫が遺せしもの』コスモの本、平成十八年）。

三期生川戸志津夫の手帳の十月十二日の項には、都内の重要ポイントとして、三井ビル（地下変電所）、第一ホテル（東京電力）、日本放送、火葬場、市場、証券取引所とあり、さらに十月二十三日の項に「模擬訓練　三井ビル（地下3、4）10：00より30毎にＴＥＬ」とある。

井上は「今でも、何故この時期に大真面目に『クーデタの下見』が実行されたのかは判りません。決起メンバーの計画では既に『クーデタ』が実現する可能性はなかったものと思います。一緒に銀座に行った森田氏がなんとなくあまり積極的でなく『こんなことしてもしょうがない』と思っているように感じたことは今も強く印象に残っています」と書いている。

この動きについて、五期生の村田は「そして十月二十三日都内各所で電力会社に潜入して都内すべて停電にさせる、火葬場を占拠する等々クーデターの予行演習を行った。いよいよ本気だと誰もが思ったことだろう。しかしこの日の四日前には蹶起の五人は東條会館で制服着用して記念撮影をしている。つまりこのクーデター計画というか準備訓練はカモフラージュだったのである」と推測した。恐らくこれが真相であろう。

九月のリフレッシャーは九月十日から十二日まで三日間行われた。三島が十一月の決起をすでに決定している時期で、三島は会員たちと記念写真を撮っている。十一月のリフレッシャーは、四日から六日まで三日間行われた。九月からまだ二ヶ月も経たない時期に行われたのは、二十五日に決起することを決めた三島の会員たちとの別れの会という意味合いが強かったと考えられる。三島は十一月五日の宴会で、参加した会員ひとりひとりの前に正座して酌をし、労をねぎらった。一部の会員を除いては、このリフレッシャーが三島に逢った最後の日となったのである。

三島由紀夫展

そしてリフレッシャー終了後すぐに、十一月十二日から十七日まで、池袋東武百貨店で三島由紀夫展が行われた。三島は六月下旬、葛井欣士郎に電話し、池袋の東武百貨店で「三島由紀夫展」を行うプランについて語った。八月二十九日、三島は担当者に展覧会を「書物」「舞台」「肉体」「行動」の「四つの河」にわけて展示することを提案。以下の開催主旨説明の原稿（著者蔵）は、額に入れて会場に展示された。

六年がかりの長編『豊饒の海』がそろそろ終りに近づきかけてゐる折も折、東武デパートから展覧会の話を持ち込まれたので、私の文学生活も四半世紀に垂んとして、ここらで整理の仕時だと思ってゐた気持ちが、この企画に私を自然に應じさせた。作家自身が仕事の過去をふりむきはじめたらおしまひだが、第三者がさうすることは妨げない。私は一案を出して、矛盾に充ちた私の四十五年を、四つの流れに区分し、この「書物」「舞台」「肉体」「行動」の四つの河が、「豊饒」の海へ流れ入るやうに構成した。さうすることによって、展覧会の入場者は、自分の好きな河のみを選び、きらひな河は見ることを避けて、場内を一巡することができるのである。もちろん四つの河全部を経廻って下さる入場者には感謝の他はないが、私

三島由紀夫展ポスター　オリジナル写真

三島由紀夫展カタログ表紙　オリジナル写真

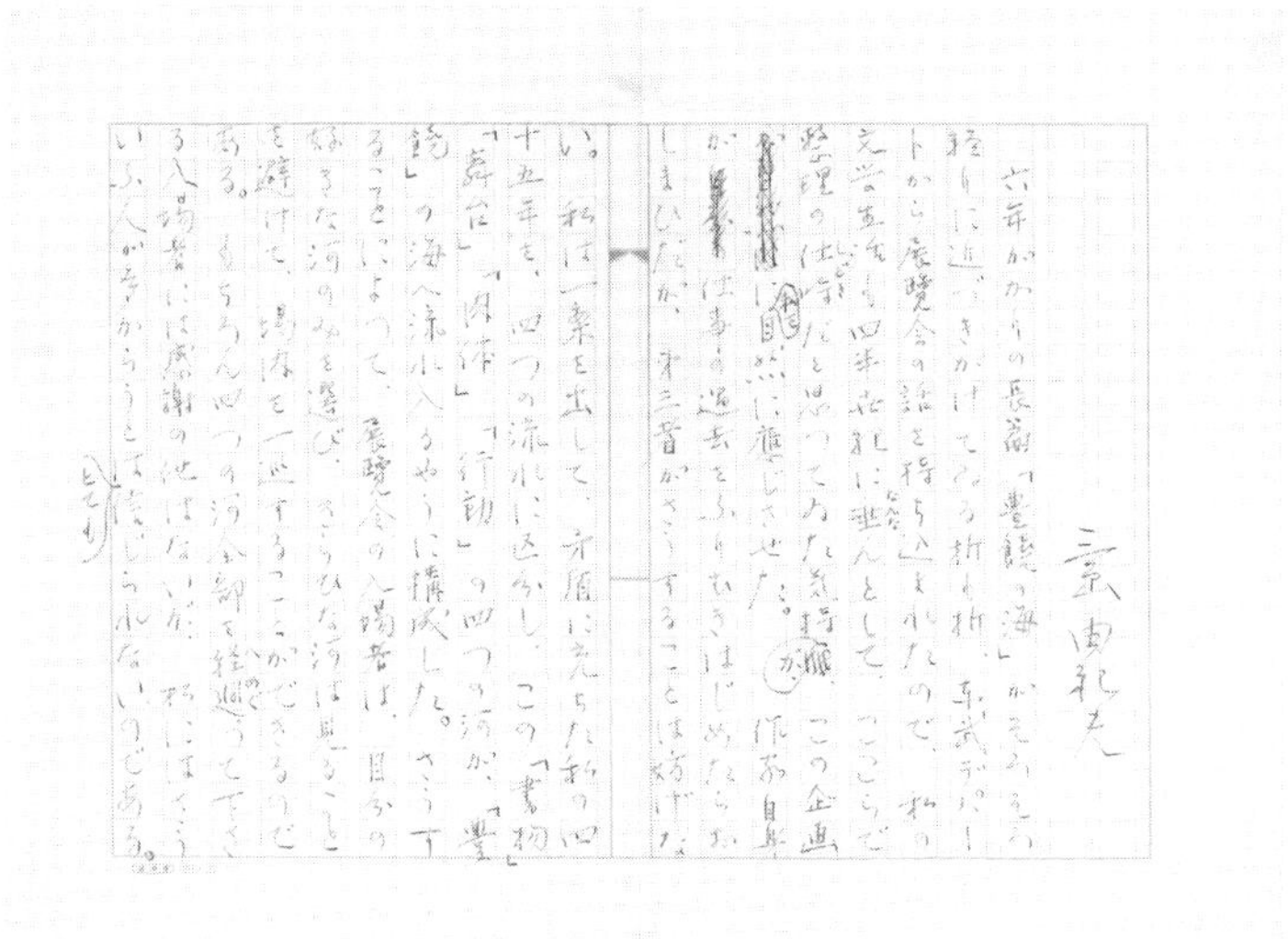
三島由紀夫

六年がかりの長篇「豊饒の海」が完結に近づきかけてゐる折も折、東武デパートから展覧会の話を持ち込まれたので、ここらで私の文学の生涯を四十五年を整理の仕時だと思つてゐた気持が、この企画に自然に應じさせた。作品自身が過去をふりむきはじめたらおしまひだが、第三者がさうすることは妨げない。私は一案を出して、矛盾に充ちた私の四十五年を、四つの流れに還元し、この「書物」「舞台」「肉体」「行動」の四つの河が、「豊饒」の海へ流れ入るやうに構成した。さうすることによつて、展覧会の入場者は、自分の好きな河のみを選び、きらひな河は見ることを避けて、会場を一巡することができるのである。もちろん四つの河全部を経めぐつて下さる入場者には感謝のほかはないが、私にはとてもさういふ人がゐようとは信じられないのである。

三島直筆の開催趣旨説明文（著者蔵）

三島直筆の書（著者蔵）

にはさういふ人が多からうとはとても信じられないのである

「書物の河、舞台の河、肉体の河、行動の河」の毛筆書は、展覧会会場を四つに区切って展示した際に各部の入口に展示され、「豊饒の海へ注ぐ」の毛筆書は会場の出口に展示された（全て著者蔵）。これらは十月十三日、銀座東急ホテルの一室で書かれたものである。三島は「こんな大きな字を書いたことは初めてで、最初で最後だね」「これらの書は3～400年後には国宝になるよ」と言ったという。この日は森田を含め、蹶起に参加した楯の会々員四人が同行していて執筆するのを見ていた。これらの書には三島の署名を入れる予定はなかったが、「後日のこともあるから」と三島は落款印三つを持参して、書の右上に一つ、左下に二つ捺印した。

それぞれの河の説明文は、四つに区切られた各会場の入り口に展示され、これらの原稿は展覧会終了後、屏風仕立てに表装された。家蔵の「肉体の河」「行動の河」の原稿は、面積が通常の十六倍ある拡大された原稿用紙にフェルトペンで書かれている。三島は展覧会関係者が見守る中、何も見ないでこれらを書き上げた。一字の間違いもなく全てが四百字詰の原稿用紙に収まっているのは見事である。そして展覧会終了の八日後、三島と森田は運命の日、十一月二十五日を迎えるのである。

第五章 三島事件

事件の概要

昭和四十五年十一月二十五日、三島と森田は楯の会々員三人と市ヶ谷の陸上自衛隊で総監を拘束し、隊員への演説の後に割腹自殺をした。いわゆる「三島事件」である。

この事件前日の十一月二十四日から時系列で追ってみよう。二十四日、前日に引き続き三島、森田ら五人はパレスホテル五一九号室に集合し、予行練習を行った。その後、三島は午後二時頃にサンデー毎日の徳岡孝夫とNHKの伊達宗克に「明日、午前十一時に腕章とカメラを持ってある所に来てほしい。場所は明日、午前十時に連絡する」という主旨の電話を入れた。さらに新潮社の編集者小島千加子に、明日午前十時三十分に原稿を取りに自宅へ来るよう電話で指示した。

三島、森田ら五人は、午後四時に新橋の末げんに集合し、鳥鍋料理で最後の会食をした。三島は「いよいよとなるともっとセンチメンタルになると思っていたがなんともない。結局センチメンタルになるのは我々を見た第三者なんだろうな」と言った。午後八時頃、帰り際に女将が「またお越しください」と言うと、三島は「こんなきれいな女将がいるなら、あの世からでも来るか」と答えたという。

三島は馬込の自邸に帰宅。森田は新宿区十二社の小林荘に帰り、同居する十二荘グループの田中健一（楯の会三期生）と飲食店に行って酒を飲んだ。小賀正義は、新宿区戸塚の大早館の下宿に古賀浩靖、小川正洋と一緒に帰り、両名は小賀の下宿に宿泊した。

十一月二十五日午前七時、森田は古賀が鳴らした電話をとった。目覚ましのために頼んでおいたものだった。

三島事件の楯の会メンバー（11月19日撮影、中央が三島、左端が森田、右へ順に古賀浩靖、小川正洋、小賀正義）

森田はいつもはパンツを身に着けていたが、この日は褌を履き、これを田中が手伝った。森田は三島から託された徳岡と伊達に宛てた写真と檄文の入った封筒二通を田中に渡して、午前十一時に各記者に渡すように依頼した。

午前九時頃、森田は新宿西口公園付近で、コロナでやってきた小賀ら三人と合流。高速道路を荏原ランプで出て三島邸に向かい、途中ガソリンスタンドで洗車し、各人が家族などに宛てた手紙を投函した。午前十時十三分頃、三島邸に到着。小賀が三島を玄関先まで出迎えに行き、三島から三人に宛てた封筒入りの命令書と金三万円を渡された。三島は軍刀様にこしらえた日本刀を携え、短刀一本、鎧通し一本、檄文のコピー多数および要求書などを収めたアタッシュケースを携行した。

午前十時五十八分、自衛隊市ヶ谷駐屯地の正門を通り、東部方面総監部正面玄関に到着し、出迎えの三等陸佐の案内で二階総監室に入った。三島は益田兼利総監に森田以下四人を紹介し、「実は、今日このものたちを連れてきたのは、十一月の体験入隊の際、山で負傷したものを犠牲的に下まで背負って降りてくれたので、今日は市ヶ谷会館の例会で表彰しようと思い、一目総監にお目にかけたいと考え連れて参りました。今日は例会があるので正装で参りました」と挨拶した。

総監が「先生、そのような軍刀をさげてとがめられませんか」と尋ねたのに対し、「この軍刀は関の孫六を軍刀づくりに直したものです。鑑定書をごらんになりますか」と言って鑑定書を見せた。三島は刀を抜いて見せた後、「小賀、ハンカチ」と言った。これが行動開始の合図であった。ところが、ここで総監は三島らにとって予想外の行動をした。「ちり紙ではどうかな」と言いながら執務机の方に向かったのである。総監がソファーに戻ると、三島は本手ぬぐいで刀身を拭いて軍刀を渡し、総監はこれを見たうえで三島に返した。

午前十一時五分、三島は軍刀を受け取ると、刀身を拭いてから傍らに来ていた小賀に手ぬぐいを渡した。小賀は総監の後ろに回り首を腕で締め、手ぬぐいで口をふさいだ。また小川と古賀はロープで総監の手足を縛り、総監を拘束した。森田は、正面と左右の計三ヶ所の入り口にソファーなどでバリケードを構築した。

午前十一時十二分、自衛隊が警察へ通報。午前十一時二十分、異変を察知した自衛隊員は、総監室左側の扉から救出のため五人が突入し、複数の負傷者を出した。さらに総監室右側の扉から救出のため七人が突入し、こちらも複数の負傷者が出た。この際、三島は自衛官の背中などを切りつけ、森田は自衛官に短刀を一本もぎ取られている。

午前十一時三十分、要求書を読んだ自衛隊側は、廊下側の割れたガラス窓越しに要求を受け容れる旨を三島に伝え、午前十一時四十分、全館放送にて本館前集合を呼びかけた。午前十一時五十五分、森田と小川が要求書の文章が書かれた垂れ幕を掲出し、檄文のビラを撒布した。

午後〇時頃、三島がバルコニーに出て演説を開始。演説の間、森田は三島の向かって右側に険しい表情で立っていた。午後〇時十分、演説が終了すると、三島は森田と「天皇陛下万歳」を三唱して総監室に戻った。三島は総監に対し「こうするより仕方がなかったのです」と言って制服を脱ぎ、正座した。

午後〇時十二分、三島は「やあ!」という掛け声を発し、割腹。左後方に立った森田が三島の頸部に三太刀を振り降ろしたが、切断することができず、「浩ちゃん頼む」と言って古賀に代わった。古賀は一太刀にて介錯を終えた。続いて森田が切腹し、こちらも古賀が介錯した。小賀、古賀、小川の三人は三島と森田の頭部を並べて合掌。午後〇時二十分、三人は投降した。

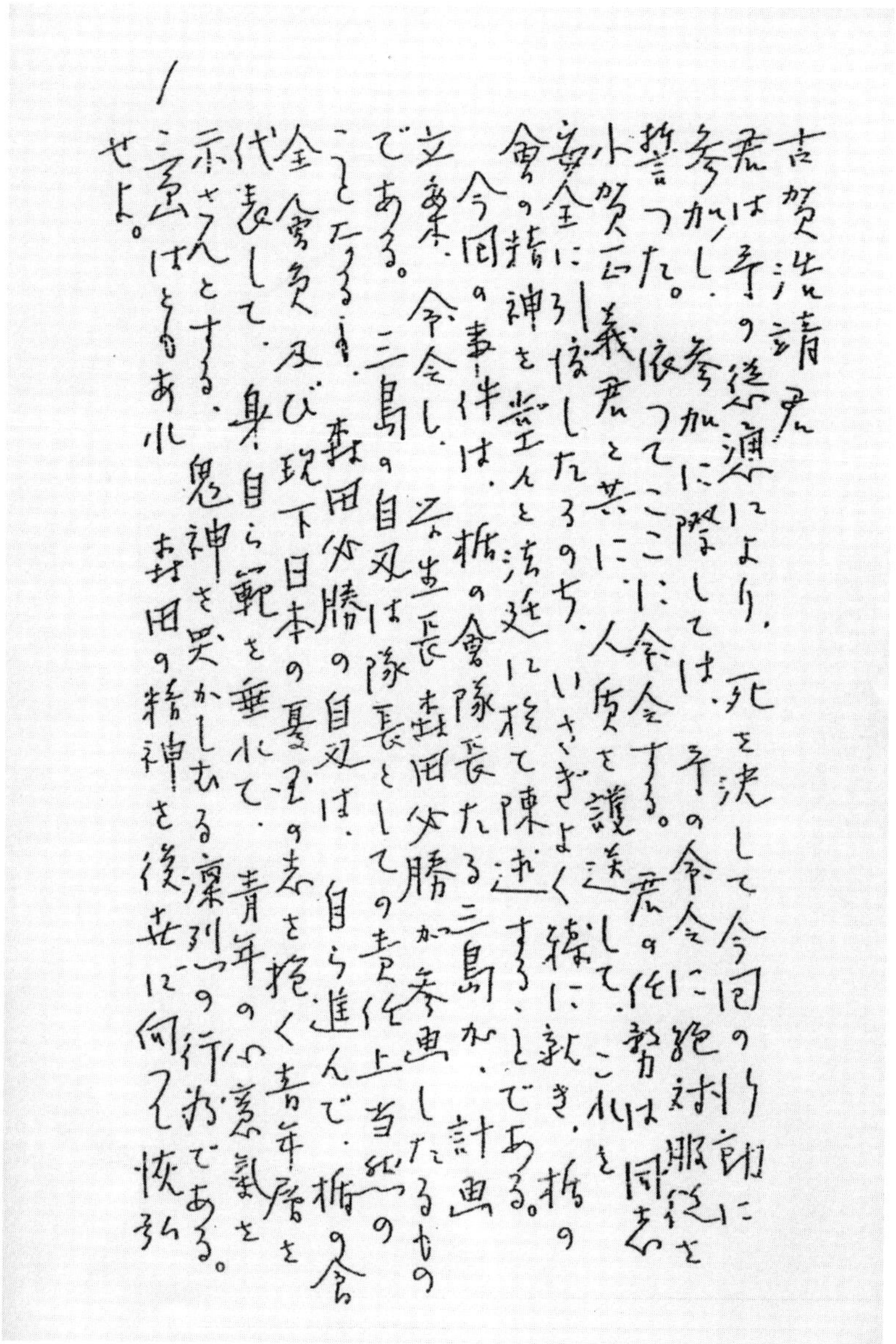

1

古賀浩靖君
君は予の慫慂により、死を決して今回の行動に
参加し、参加に際しては、予の命令に絶対服従を
誓つた。依つてここに命令する。君の任務は同志
小賀正義君と共に人質を護送して、これを
安全に引渡したるのち、いさぎよく縛に就き、楯の
會の精神を堂々と法廷に於て陳述することである。
今回の事件は、楯の會隊長たる三島が計画、
立案、命令し、学生長森田必勝が参画したるもの
である。三島の自刃は隊長としての責任上当然の
ことなるも、森田必勝の自刃は、自ら進んで、楯の會
全會員及び現下日本の憂国の志を抱く青年層を
代表して、身自ら範を垂れて、青年の心意氣を
示さんとする、鬼神を哭かしむる凛烈の行為である。
三島はともあれ、森田の精神を後世に向つて恢弘
せよ。

古賀宛の三島命令書

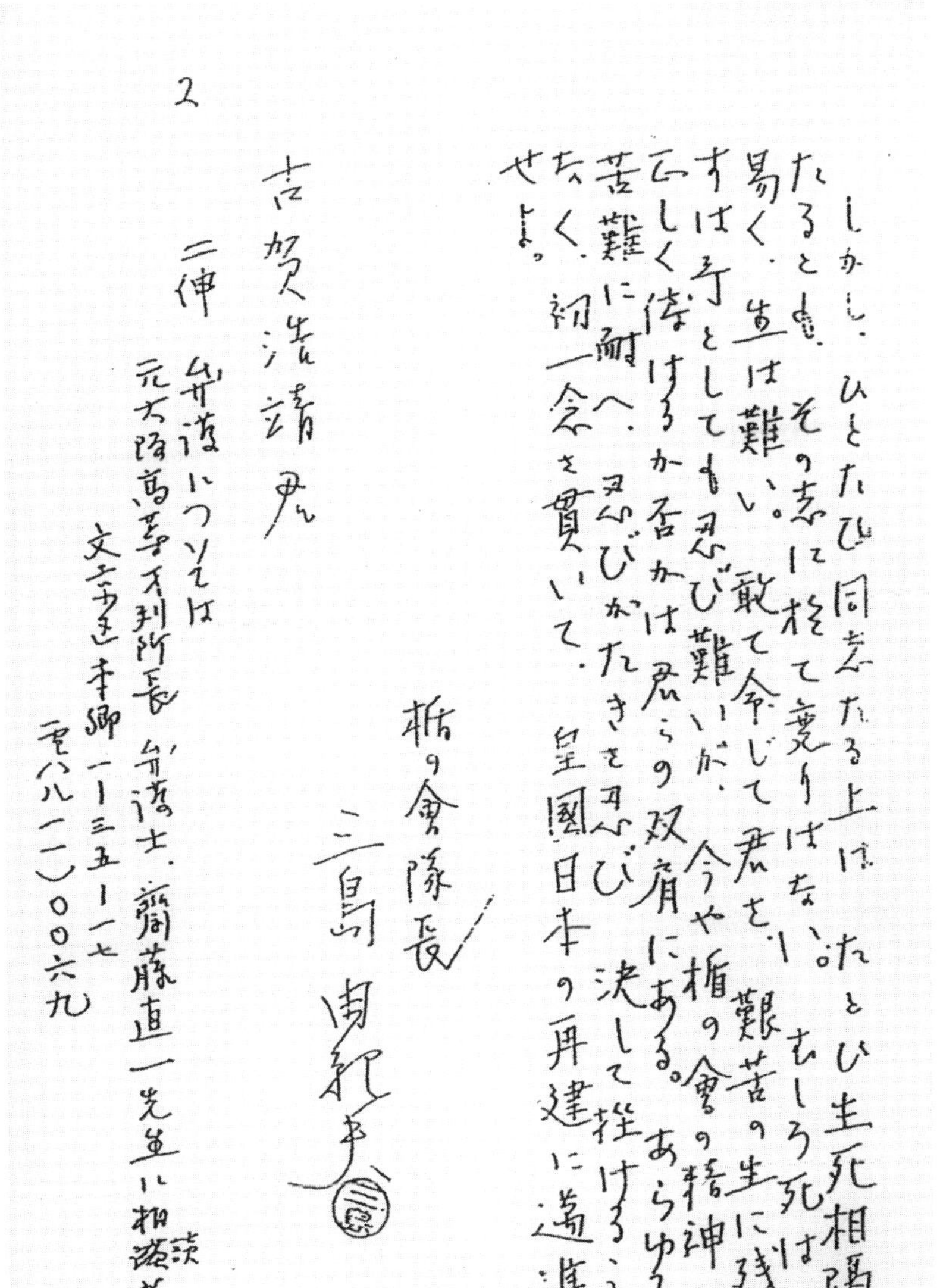
しかし、ひとたび同志たる上は、たとひ生死相隔たるとも、その志に於て変りはない。むしろ死は易く、生は難い。敢て命じて君を、艱苦の生に残すは予としても忍び難いが、今や楯の会の精神が正しく伝はるか否かは君らの双肩にある。あらゆる苦難に耐へ、忍びがたきを忍び、決して挫けることなく、初一念を貫いて、皇国日本の再建に邁進せよ。

楯の会隊長
三島由紀夫

2

古賀浩靖君

二伸　弁護については
元大阪高等裁判所長　弁護士、齋藤直一先生に相談せよ。
文京区本郷一ー三五ー一七
電（八一一）〇〇六九

森田必勝25歳

三島由紀夫45歳

拘束された総監

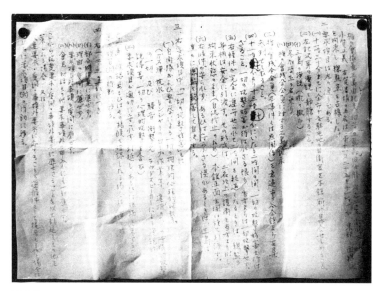

要求書

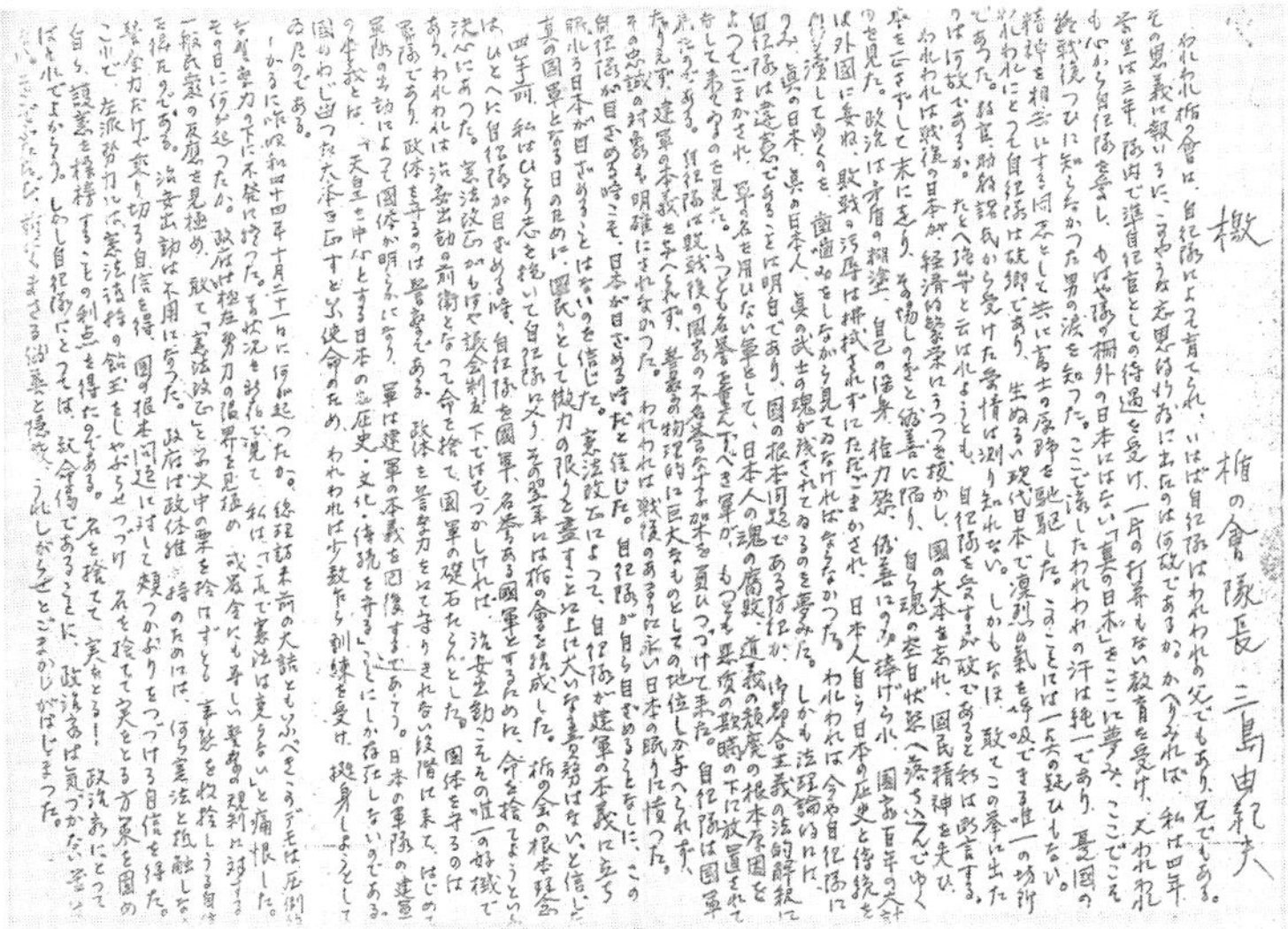

檄文

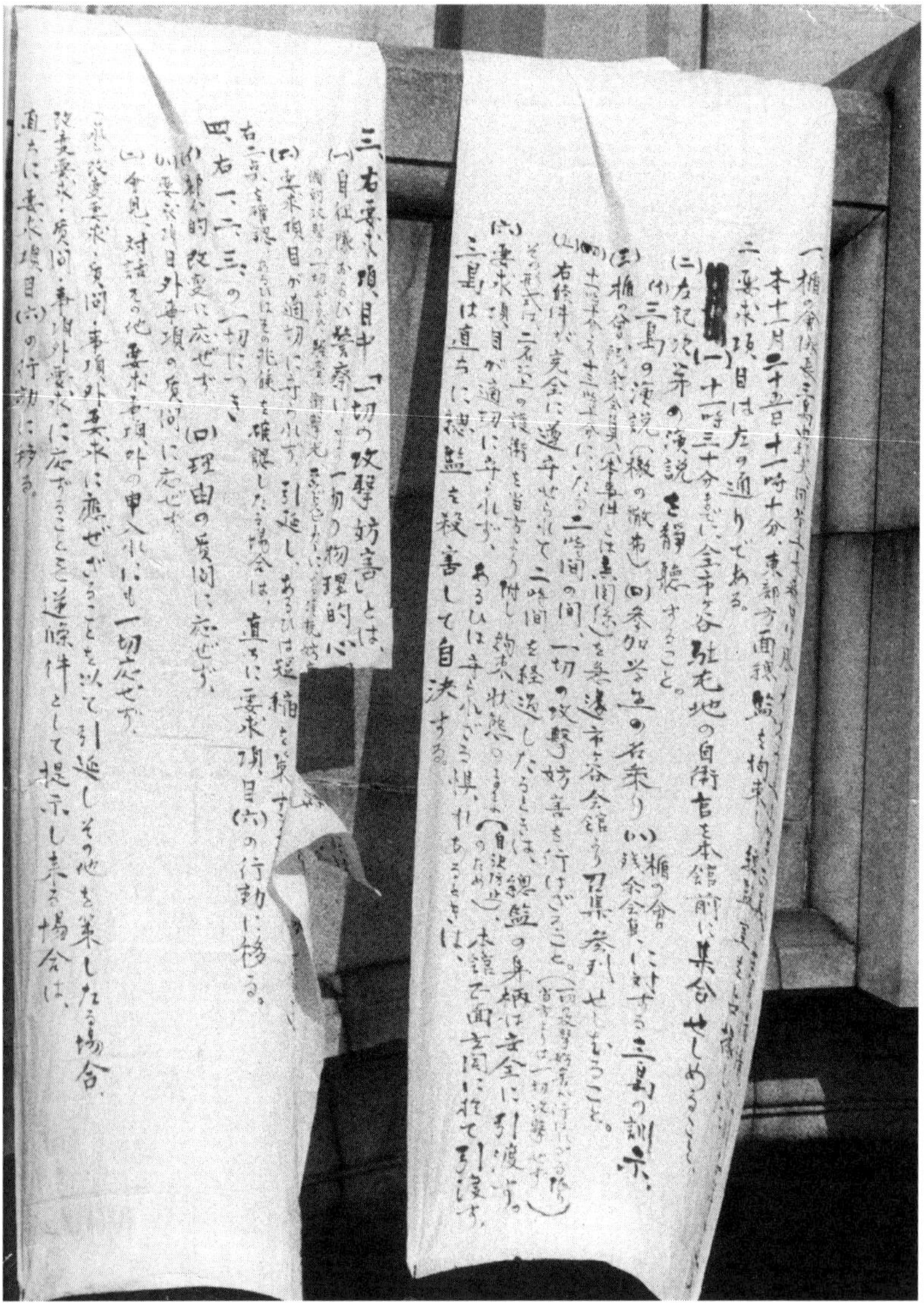
二、要求項目は左の通りである。
(二) 左記次第の演説を静聴すること。
(イ) 三島の演説
(ロ) 参加学生の名乗り
(ハ) 楯の会残余会員に対する三島の訓示。
右条件が完全に遵守せられて二時間を経過したるときは、総監の身柄は安全に引渡す。
要求項目が適切に守られず、あるひは守られざる惧れあるときは、三島は直ちに総監を殺害して自決する。
三、右要求項目中、一切の攻撃妨害とは、
四、右一、二、三、の一切につき、
(ロ) 理由の質問に応ぜず、
直ちに要求項目(六)の行動に移る。

バルコニーの垂れ幕

二つの万歳

三島の自衛隊市ヶ谷駐屯地での最後の演説は、レコードやテープに収録され、これまでに以下のごとく販売された。

○キャニオン・シングルレコード「衝撃の記録――一九七〇年十一月二十五日　三島由紀夫」
○朝日ソノラマ臨時増刊号ソノシート「三島由紀夫の死」
○キャニオン・LPレコード「嗚呼三島由紀夫――一九七〇年十一月二十五日」
○『週刊サンケイ』臨時増刊三島由紀夫特集号 付録ソノシート「三島由紀夫　最後の絶叫」
○アポロン・カセットテープ「三島由紀夫　最後の絶叫」
○カセットテープ「三島由紀夫氏追悼の夕べ」タイセイ・グローバル社

これらはいずれも文化放送とフジテレビの記者により録音されたものである。演説をすべて録音できたのは文化放送だけで、アポロン・カセットテープ「三島由紀夫　最後の絶叫」はこれを音源としたものだ。録音した三木明博のコメントが、「時代記録したスクープ音声」「自殺直前の三島由紀夫　生々しく伝わる臨場感」という記事で紹介されている。

この演説を唯一冒頭から録音したのが文化放送。「誰かが市ヶ谷の自衛隊にはいった」という情報だけで、訳も分からず現場に急行したのは当時入社半年の新米記者だった三木明博社長だ。「着いてみるといたって平穏な雰囲気。仕方なく前から来る自衛官に話を聞こうとした瞬間、上の方から声が聞こえた」／姿が確認できず、それが三島と分からないまま木切れにくくり付けたマイクを声の方に。（略）／「マイクの長さが足りずに聴衆の声も拾ってしまったことで、かえって臨場感を生んだ」（平成二十一年七月九日付「東京新聞」）

アポロン・カセットテープの函には、「このテープは、三島由紀夫事件の突発から、収拾までの、数時間を、現場で完全取材した、文化放送報道部の録音にもとづき、忠実に再現した『音による歴史の証言』である。中でもここに収録した、三島由紀夫の最後の演説の全貌は、永久保存されるべき唯一無二の貴重な資料となろう」とある。

一方『週刊サンケイ』臨時増刊三島由紀夫特集号 付録ソノシートには、フジテレビ記者のコメントの後に三島の演説が収録されている。そのコメントは、「その日、昭和45年11月25日、午前11時30分、第一報を受けた私・池本、高橋、富永のフジテレビ記者三人は現場にかけつけました。そして、三島由紀夫自決をいち早く報道するとともに、自衛隊総監室バルコニーでの三島由紀夫の演説を収録。その声は野次と怒号に打ち消されがちだったが、これが文士三島の最後の肉声になるとは夢にも思わなかったと、録音した高橋記者は言っています」である。

三島の演説の冒頭部分は文化放送の録音しかないが、後半部分はフジテレビの録音の方が三島の音声が鮮明である。以下に三島の演説を記す。

私は自衛隊にこのような状況で話すのは空しい。しかしながら、私は自衛隊というものに………こういうことになったんだ。………日本は、経済的繁栄にうつつを抜かして、ついには精神的空白状態に陥って、政治はただ謀略・欺傲心だけ。国家百年の大計は外国の手にゆだねられたんだ。その日本でだ。ただ一つ、日本の魂を持っているのは、自衛隊であるべきだ。われわれは、自衛隊に対して、日本人の………。しかるにだ、我々は自衛隊というものに………。静聴せい。静聴。静聴せい。自衛隊が日本の国軍の………裏に、日本の大本を正していいことはないぞ。………ということをわれわれが感じたからだ。それは日本の根本が歪んでいるんだ。それを誰も気がつかないんだ。日本の根源の歪みを気がつかない、それでだ、その日本の歪みを正すのが自衛隊、それが………。静聴せい。静聴せい。そのために、我々は自衛隊を………。静聴せいと言ったのが分からんのか。静聴せい。

しかるにだ。去年の十月の二十一日だ。何が起こったか。去年の十月二十一日に何が起こったか。去年の十月二十一日にはだ、新宿で、反戦デーのデモが行われて、これが完全に警察力で制圧されたんだ。俺はあれを見た日に、これはいかんぞ、これは憲法が改正されないと感じたんだ。なぜか。その日をなぜか。それはだ、自民党というものはだ、自民党というものはだ、警察権力をもっていかなるデモも鎮圧できるという自信をもったからだ。

治安出動はいらなくなったんだ。治安出動はいらなくなったんだ。治安出動がいらなくなったので、すでに憲法改正が不可能になったのだ。分かるか、この理屈が……。

諸君は、去年の10・21からあと。諸君は、去年の10・21からあとだ。もはや憲法を守る軍隊になってしまったんだよ。自衛隊が二十年間、血と涙で待った憲法改正ってものの機会はないんだ。もうそれは政治的プログラムからはずされたんだ。ついにはずされたんだ、それは。どうしてそれに気がついてくれなかったんだ。

去年の10・21から一年間、俺は自衛隊が怒るのを待ってた。もうこれで憲法改正のチャンスはない。自衛隊が国軍になる日はない。建軍の本義はない。それを私は最もなげいていたんだ。自衛隊にとって建軍の本義とは何だ。日本を守ることだろう。日本を守るとは何だ。日本を守るとは、天皇を中心とする歴史と文化の伝統を守ることだ。

おまえら聞け。聞け。話を聞け。話を聞け。話を聞け。男一匹が、命をかけて諸君に訴えてるんだぞ。いいか。いいか。

それがだ、いま日本人がだ、ここでもって立ちあがらなければ、自衛隊が立ちあがらなきゃ、憲法改正ってものはないんだよ。諸君は永久にだねえ、ただアメリカの軍隊になってしまうんだぞ。諸君……と日本の……アメリカからしかこないんだ。シビリアン・コントロール……シビリアン・コントロールに毒されてんだ。シビリアン・コントロールというのはだな、新憲法下でこらえるのが、シビリアン・コ

演説する三島と傍らの森田

ントロールじゃないぞ。

そこでだ、俺は四年待ったんだよ。俺は四年待ったんだ。自衛隊が立ちあがる日を。……そうした自衛隊の……最後の三十分に、最後の三十分に……待ってるんだよ。諸君は武士だろう。諸君は武士だろう。武士ならば、自分を否定する憲法を、どうして守るんだ。どうして自分の否定する憲法のため、自分らを否定する憲法というものにペコペコするんだ。これがある限り、諸君らは永久に救われんのだぞ。

諸君は永久にだね、今の憲法は政治的謀略で、諸君が合憲だかのごとく装っているが、自衛隊は違憲なんだよ。自衛隊は違憲なんだ。……………。憲法というものは、ついに自衛隊というものは、憲法を守る軍隊になったということに、どうして気がつかんのだ。どうしてそこに気がつかんのだ。

俺は諸君がそれを断つ日を、待ちに待ってたんだ。諸君はその中でも、ただ小さい根性ばっかりにまどわされて、本当に日本のために立ちあがるときはないんだ。

(そのために、われわれの総監を傷つけたのはどういうわけだ　著者注・ヤジ)

抵抗したからだ。憲法のために、日本を骨なしにした憲法に従ってきたということを知らないのか。諸君の中に、一人でも俺といっしょに立つ奴はいないのか。

一人もいないんだな。よし。武というものはだ、刀というものはなんだ。自分の使命………。それでも武士かぁ。それでも武士かぁ。

まだ諸君は憲法改正のために立ちあがらないと、見極めがついた。これで、俺の自衛隊に対する夢はなくなったんだ。それではここで、俺は、天皇陛下万歳を叫ぶ。

天皇陛下万歳

三島の「それではここで、俺は、天皇陛下万歳を叫ぶ」の言葉にあわせて、森田も「天皇陛下万歳」を叫んだ。本書のカバーに用いたこの時の写真を見ると、森田は眉を寄せた険しい表情のままである。一方、三島はどちらかといえば、虚無感を湛えたような表情に見える。これは思い過ごしであろうか。ちなみにこの時、森田が締めていた鉢巻が現存し、「七生報國」という文字は三島の直筆である。

ところで、アポロン・カセットテープと『週刊サンケイ』臨時増刊三島由紀夫特集号 付録ソノシートには、「文士三島由紀夫の最後の肉声」だけでなく、森田の肉声も収録されている。森田は、三島が「日本を守るとは何だ。日本を守るとは、天皇を中心とする文化と伝統を守ることだ」と叫ぶ「天皇を中心とする」と「文化と伝統を守ることだ」の間で、「皆さん聞いてください」と言っている。自衛官の野次と怒号の中で、丁寧な言葉使いの森田の声が印象的だ。以下は三島と森田の辞世である。

森田が締めていた鉢巻、「七生報國」は三島の直筆

辞世　三島由紀夫

益荒男がたばさむ太刀の鞘鳴りに
幾とせ耐へて今日の初霜

散るをいとふ世にも人にもさきがけて
散るこそ花と吹く小夜嵐

辞世　森田必勝

今日にかけてかねて誓ひし我が胸の
思ひを知るは野分のみかは

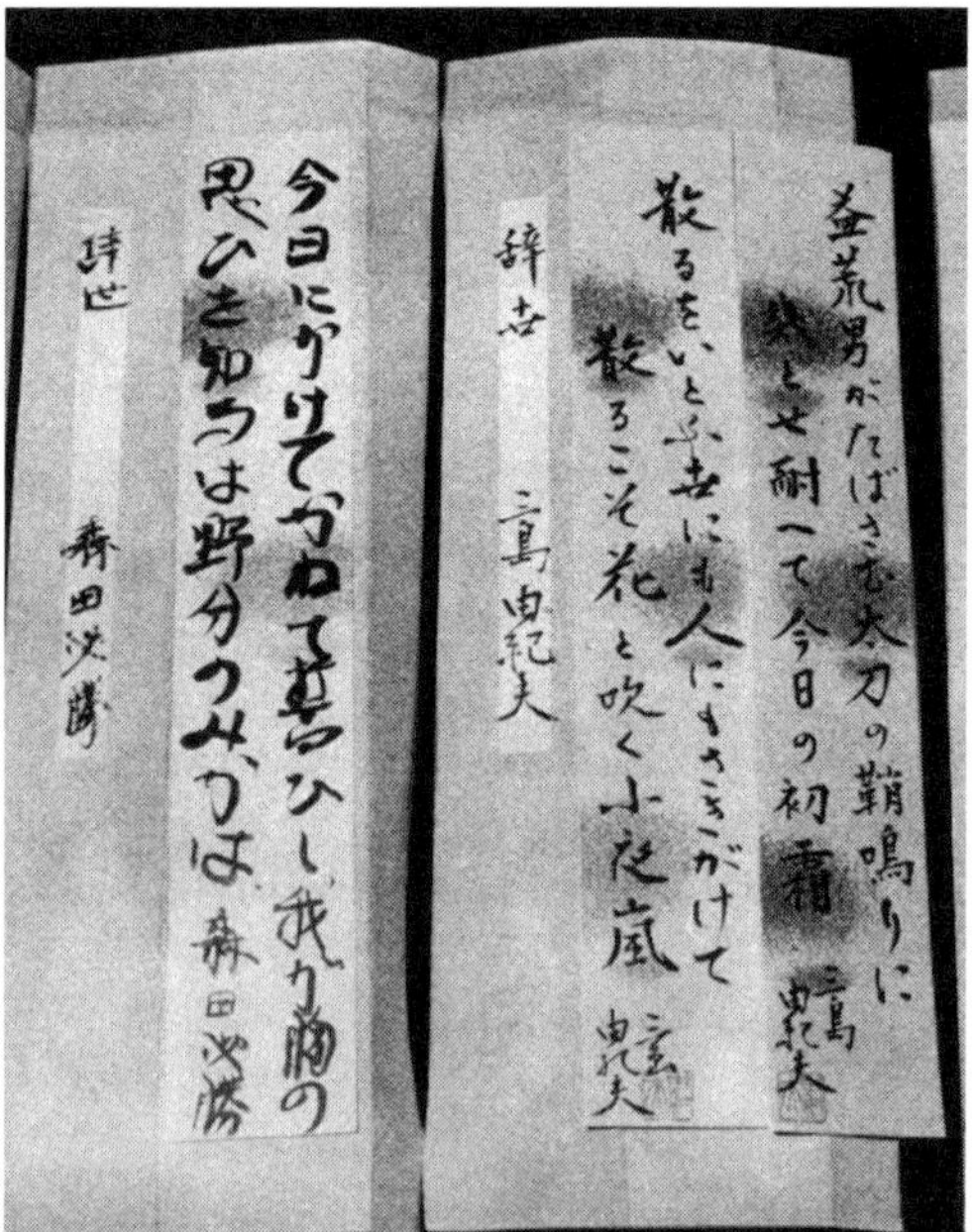

三島と森田の直筆

第六章　森田必勝の像

三島の遺書

三島は楯の会々員宛てに遺書を残していた。便箋の番号5から8までで、1から4までは倉持宛の遺書である。八枚の便箋が同じ封筒に収められている。

楯の会会員たりし諸君へ

諸君の中には創立当初から終始一貫行動を共にしてくれた者も、僅々九ヶ月の附合の若い五期生もゐる。しかし私の気持ちとしては、経歴の深浅にかかはらず、一身同体の同志として、年齢の差を超えて、同じ理想に邁進してきたつもりである。たびたび、諸君の志をきびしい言葉でためしたやうに、小生の脳裡にある夢は、楯の会全員が一丸となって、義のために起ち、会の思想を実現することであった。それこそ小生の人生最大の夢であった。日本を日本の真姿に返すために、楯の会はその総力を結集して事に当るべきであった。

このために、諸君はよく激しい訓練に文句も言はずに耐へてくれた。今時の青年で、諸君のやうに、純粋な目標を据ゑて、肉体的辛苦に耐え抜いた者が、他にあろうとは思はれない。革命青年たちの空理空論を排し、われわれは不言実行を旨として、武の道にはげんできた。時いたらば、楯の会の真價は全国民の目前に証明される筈であった。

しかるに、時利あらず、われわれが、われわれの思想のために、全員あげて行動する機会は失はれた。日本はみかけの安定の下に、一日一日、魂のとりかえしのつかぬ癌症状をあらはしてゐるのに、手をこまぬいてゐなければならなかった。もつともわれわれの行動が必要なときに、状況はわれわれに味方しなかつたのである。

このやむかたない痛憤を、少数者の行動を以て代表しようとしたとき、犠牲を最小限に止めるためには、諸君に何も知らせぬ、といふ方法しか残されてゐなかった。私は決して諸君を裏切ったのではない。楯の会はここに終り、解散したが、成長する諸君の未来に、この少数者の理想が少しでも結実してゆくことを信ぜずして、どうしてこのような行動がとれたであろうか？そこをよく考へてほしい。

日本が堕落の淵に沈んでも、諸君こそは武士の魂を学び、武士の練成を受けた、最後の日本の若者である。諸君が理想を放棄するとき、日本は滅びるのだ。

私は諸君に、男子たるの自負を教へようと、それのみ考へてきた。一度楯の会に属したものは、日本男児といふ言葉が何を意味するか、終生忘れないでほしい、と念願した。青春に於て得たものこそ終生の宝である。決してこれを放棄してはならない。

ふたたびここに、労苦を共にしてきた諸君の高潔な志に敬意を表し、かつ盡きぬ感謝を捧げる。

天皇陛下万歳！

昭和四十五年十一月

楯の会々長　三島由紀夫

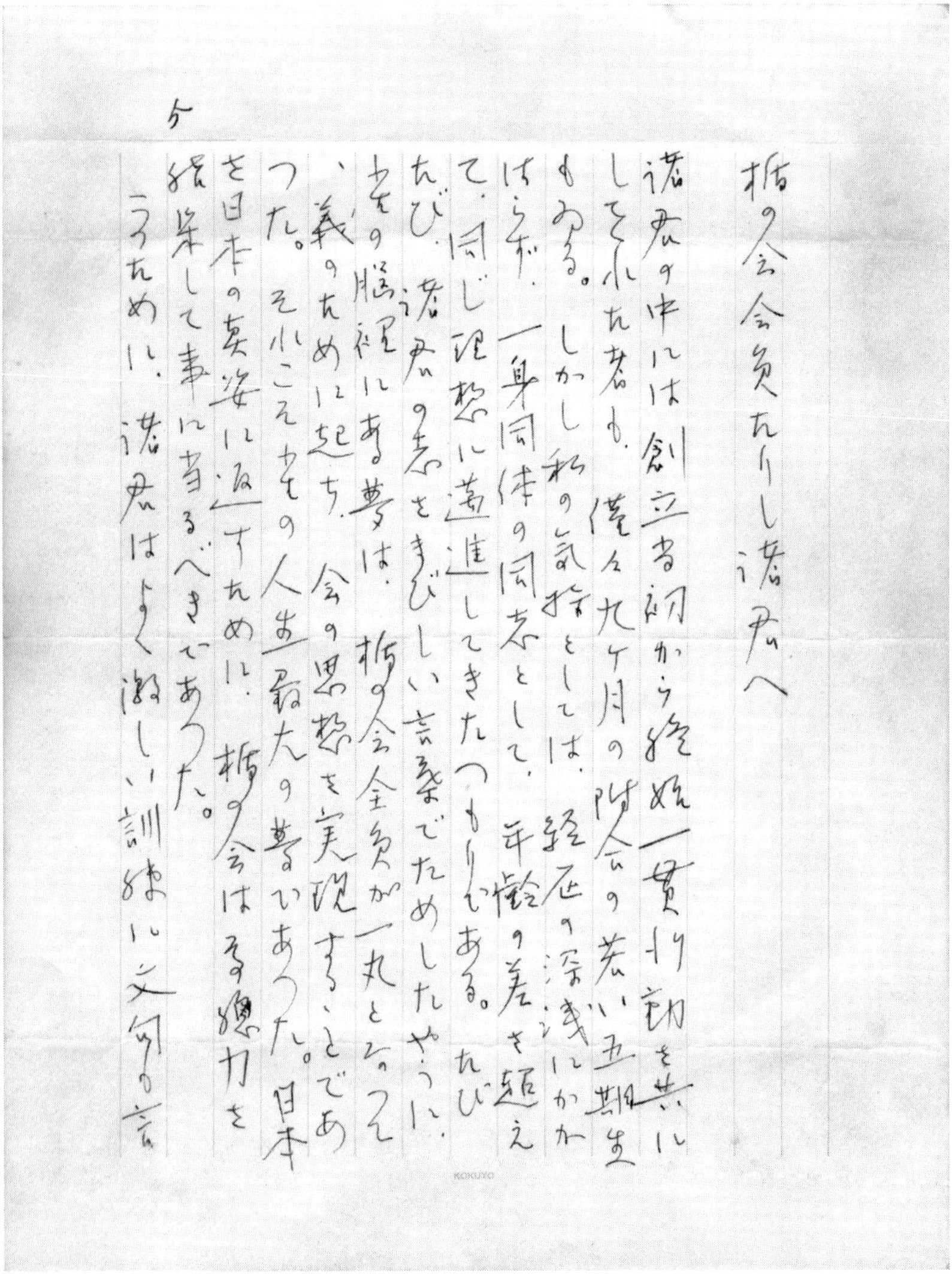

分

楯の会会員たりし諸君へ

諸君の中には創立当初から終始一貫行動を共にしてくれた者も、僅々九ヶ月の附合の若い五期生もゐる。しかし私の気持としては、経歴の深浅にかかはらず、一身同体の同志として、年齢の差を超えて、同じ理想に邁進してきたつもりである。たびたび、諸君の志をきびしい言葉でためしたやうに、小生の脳裏にある夢は、楯の会全員が一丸となつて、義のために起ち、会の思想を実現することであつた。それこそ小生の人生最大の夢であつた。日本を日本の真姿に返すために、楯の会はその総力を結集して事に当るべきであつた。

このために、諸君はよく激しい訓練に文句の言

三島の遺書（1枚目）

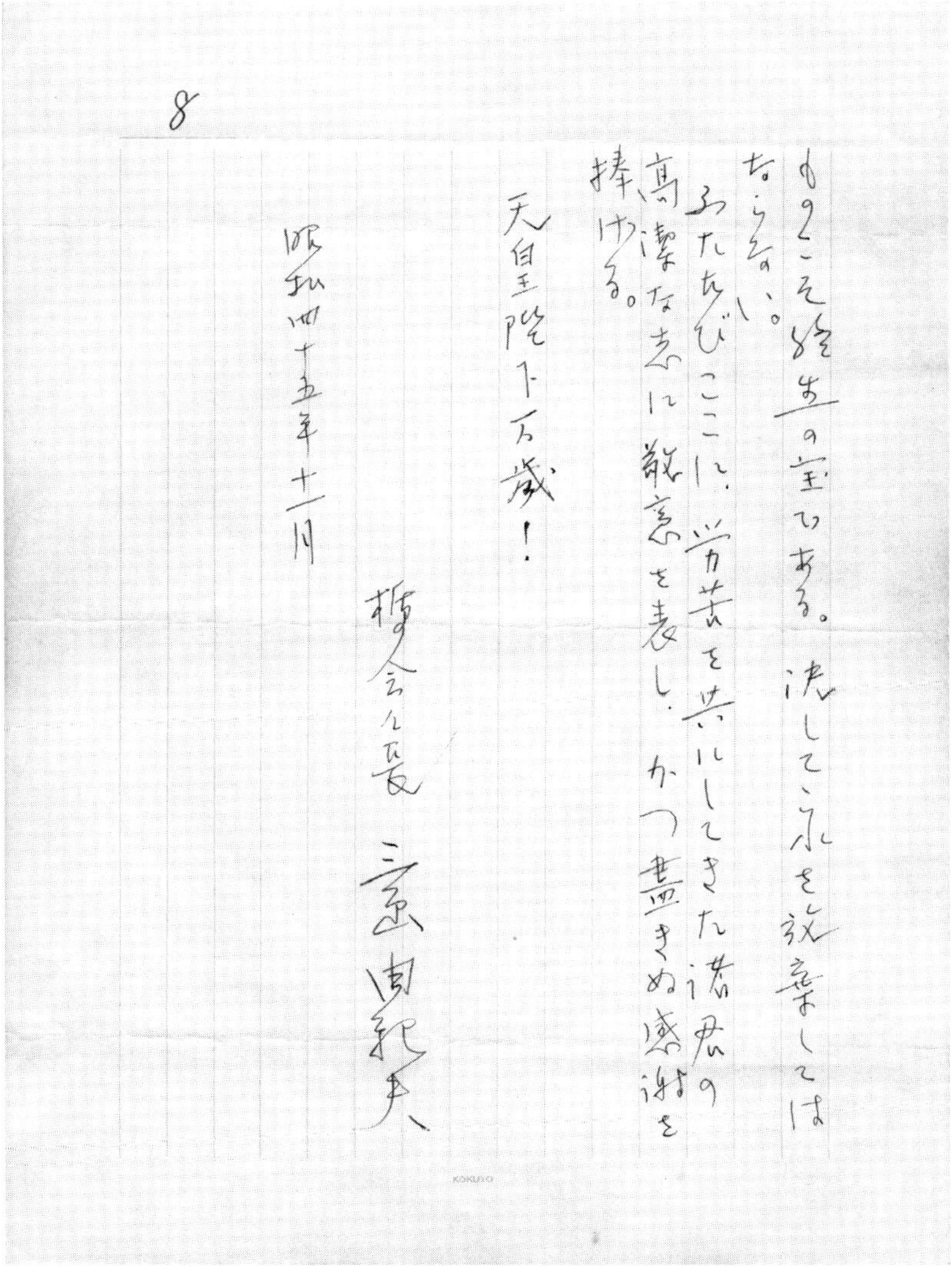
8

ものこそ終生の宝である。決して之を放棄してはならない。

ふたたびここに、労苦を共にしてきた諸君の高潔な志に敬意を表し、かつ尽きぬ感謝を捧げる。

天皇陛下万歳！

楯の会々長　三島由紀夫

昭和四十五年十一月

三島の遺書（4枚目）

追悼の声

三島事件の翌日の十一月二十六日、森田の母校早稲田大学の正門に追悼の大きな立て看板が建てられた。看板の前には三島と森田の遺影が掲げられ、焼香台も設置。この大看板は日学同の片瀬裕と山本之聞が制作したもので、早稲田大学正門はそれまで左派の看板の指定席であった。山本は左派の連中が看板を壊しにきたら対応しようと見張っていたが、誰も来る者はいなかった。追悼文には次のように書かれていた。

烈士三島由紀夫、森田必勝を悼む

我らが師三島由紀夫先生森田必勝同志!
慎んで哀悼の辞を述べさせていただきます

三島由紀夫先生は云うまでもなく高名な作家であり警世家であったが、
もう一人割腹した森田君はもと我れらが早大國防部代表として活躍した真摯な憂國の士であった。
両故人の冥福を祈る。
死せる両氏の魂は何をうったえるのか、ある死は日本を覆う共匪と怠惰の中の一叫である七〇年代にこだまする一叫である

早稲田大学正門

追悼文の記された看板

……妥協を許せなかった、不潔を嫌った、そして三島先生はついに美の臥床より身を起し疾風怒涛の如き行動に出た。虚妄の民主々義と売國的共産主義に蛮勇を以って立ち向った虚妄の戦后への怒は現行憲法に燃えた。追い詰められた魂はついに憲法改正を自衛隊のみにたくした。

……が容れられず一死を以って万民にうったえた。丈夫不屈の志を貫いた。あまりにも清潔な男達であった。

彼等の死はあらためて死と同居せる政治の極限を我々に衝撃的にみせつけた。

両氏の死を悼む。惜しい人をなくした。

やはり今はそうしか思えない。もう少し生きて才能を生かしてほしかった。だが日々死に直面して生きてこられた先生には無意味かもしれない

先生は陽明學を學び葉隠をはなしたことがなかったから……

両氏の行為を貫いた至誠だけは忘れてはならない。

我々に課せられた課題は——涙しながらも我等は道を歩まねばならぬ。戦后の虚偽と欺瞞を乗りこえていかねばならぬ。

遠く長い道かもしれない。しかし、我々は丈夫の心を内に秘め進まん。

合掌!!

日學同早大支部
早大國防部

遺影と焼香台

続いて十二月十一日、豊島公会堂で「三島由紀夫氏追悼の夕べ」が開催された（主催　文化人、学生有志〝三島由紀夫氏追悼集会〟実行委員会）。この会は、発起人として名を連ねた著名人の面々により行われたものではなく、完全に裏方に徹した日学同のメンバーによるものであった。中でも事件の二時間後に「追悼会をやろう」と言って、種々のことに尽力した宮崎は超人的な活躍ぶりであったという。

「三島由紀夫氏追悼の夕べ」は翌年、憂国忌と命名され、今日まで途切れることなく続いて

森田の兄治

三島由紀夫氏追悼の夕べ

いる。昭和五十四年の第十回追悼会では、三島の写真と共に森田の写真も供えられ、平成七年の追悼二十五年祭・憂国忌には兄の治も参列した。さらに平成二十七年の追悼四十五年祭・憂国忌パンフレットには「森田必勝追悼特集」が掲載されている。

退会の真相

憂国忌を陰で支えた日学同と三島、森田の関係では、昭和四十四年二月に森田が日学同に退会届を送り、それに対して日学同は森田を除名したことが注目される（六十ページ参照）。これについて、宮崎は以下のように書いている。

今から思えば、三島氏は今日の事態を予測して、累を私たちにおよぼさないようにと森田と日学同との縁を断たせ学生運動の重要性を知悉していた三島氏の好意的な深謀遠慮に私たちは、ただただ感謝するばかりである。森田が正式に私たちから別れて楯の会の学生長になったのは、それから一、二週間後だったと思う。（中略）

三年間、青春の全てを賭けて、ともにたたかってきた日学同の仲間たちと、最後に別れねばならなかった森田の当時の心中を思うと、私は胸がさけるような思いにかられる。

森田が楯の会へ行ってから、私は三度ほど彼と出会ったが、森田はいつも明るい白い歯を見せて笑い、組織を越えた友情だけは交換し合えた。

『最後の一年は熱烈に待った』と檄文が言う。森田と起床をともにしなくなってから一年、彼の燃ゆる胸の思いが、これほどまでのものだとは、私は遂に理解してやれなかった。

森田が楯の会学生長になったのは昭和四十四年十月十二日である。宮崎は「森田が正式に私たちから別れて楯の会の学生長になったのは、それから一、二週間後だったと思う」と書いているから、「正式に」別れた（除名した）のは九月下旬から十月上旬であろう。つまり森田が二月に退会届を送ってから、七ヶ月以上も時間が経っていることになる。

私の渉猟し得た範囲では、除名を発表したとされる「日本学生新聞」を確認することはできず、宮崎が何をもって「正式」としたのかはわからない。ただこの問題の本質は、そのことよりも、森田が退会届を書いた事実そのものにある。森田はなぜ日学同を退会しなければならなかったのであろうか。

前述の通り、当時の民族派の学生運動は参加人数が少なく、森田の早稲田大学でも、日本文化研究会、早稲田大学国防部、早稲田大学尚史会、日本学生同盟、育誠社・論争ジャーナル、楯の会などに所属する学生は、重複して所属する者がほとんどであった。森田もこの中の四組織（日本文化研究会、早大国防部、日学同、楯の会）に所属していた。そして日学同を退会した森田が行ったことは祖国防衛隊の創設であった。

二月某日（日付不明）
祖国防衛隊を結成
役員は次の通り

○隊長　森田必勝（早稲田大学四年）
○副隊長（統制部担当）小川正洋（明治学院大学三年）
○副隊長（財務部担当）野田隆史（麻布獣医科大学三年）
○事務局長　田中健一（亜細亜大学三年）
○組織局長　西尾俊一（国学院大学一年）
○情報局長　鶴見友昭（早稲田大学三年）
○祖国防衛隊運動方針

我々は、祖国日本をあらゆる侵略から守る為、行動・理論・精神を一体として、真に皇国日本に殉じる活動を行いうる人間を造る為、日常の心身鍛錬をする。

毎日の基礎体力作りと、学習会、年二度以上の軍事教練、講演会、理論合宿をもってこれを養成する。

（「日誌一」『わが思想と行動』）

この組織は通称十二社グループと呼ばれ、この時点で森田以外は楯の会々員ではない（その後全員が会員になった）。しかし彼ら民族派学生の活動は、その時々の活動の重心をどこに置くかによってその比重が変わるだけのことで、「祖国防衛隊」を結成するために、わざわざ日学同を退会する必然性はない。そうなると、やはり宮崎の指摘する通り、楯の会との関係を考えるほかはあるまい。

三島事件が昭和四十五年十一月二十五日で、森田の退会届は昭和四十四年二月一日。そこにはまだ一年九ヶ月の時間がある。楯の会は発足してまだ三ヶ月ちょっとしか経っておらず、三期生の体験入隊も始まっていない。宮崎が指摘するように、この時期に「三島氏は今日の事態を予測して、累を私たちにおよぼさないようにと森田と日学同との縁を断たせた」とするならば、三島と森田の何らかの行動計画は、この時期すでに始動していたことになろう。

これを裏付けるような話を、森田の次の全日本学生国防会議議長となった高柳光明が語っている。高柳は昭和四十五年五月のある日、日学同退会とともに全日本学生国防会議議長を辞任した森田と、早稲田大学の大隈講堂の前でばったり会った。

森田氏はあの人なつっこい笑顔で『ヨーッ元気?』と声をかけてくれた。そして『君が議長だと聞いて安心したよ』と励ましてくれた。その時パイロット万年筆を頂いたがそれには『森田必勝』と刻まれており今も大事にしまってある。

（「日学同泰明期の活動と森田必勝氏のこと」）

決して裕福な学生ではない森田にとって、万年筆は貴重品だったはずだ。それを高柳に進呈したのは、形見分けではなかったか。ちなみにこの万年筆は、今も高柳が大切に持っている。

それでは、昭和四十四年二月は三島にとってどのような時期であっただろうか。この頃、三島はライフワーク「豊饒の海」四部作の第三巻『暁の寺』を執筆中であった。昭和四十三年十月の「出版ニュース」には「私は全四巻書き上げてまとめて出版するまでは一切単行本にしないことを、人にも言ひ自分にも言ひきかせてゐたのであったが、ここへ来て、前半の二巻を、どうしても世に出したくなったのである」とあり、以下の広告が掲載されていた。

豊饒の海
第一巻『春の雪』　六八〇円　発売中
第二巻『奔馬』　11月15日刊
第三巻『暁の寺』　連載中
第四巻　題未定
新潮社

三島由紀夫「私の近況」（『新刊ニュース』No.158、東京出版販売株式会社、昭和四十三年）

ここには『春の雪』発売中とあるが、そうはならなかった。『春の雪』は三島のノーベル賞受賞記念出版となるはずであったが、川端康成が同賞を受賞したため、昭和四十四年一月刊行に延期されたのである。そして『奔馬』が同年二月に刊行された。

三島は昭和四十四年三月刊行の『文化防衛論』のあとがきに、「私はこれらの文章によって行動の決意を固め、固めつつ書き、書くことによっていよいよ固め、行動の端緒に就いてから、その裏付として書いて行った」と記し、「それぞれの時点が大切ゆゑ」として、単行本の発刊に際し発表年月がわかるように記載することを編集者に指示した。

思うに、森田の日学同退会が三島に指示されたものならば、それは「豊饒の海」の出版と同様に、三島にとって自決への具体的な準備の一つであったのかもしれない。「時点が大切」という言葉は、三島だけではなく、森田の行動と決意の軌跡を確認するためのキーワードでもあるのだ。

森田の死と三島の死

四日市市大治田の森田家には、「森田必勝之像」と「辞世之碑」がある。森田必勝之像は村田英子作で、地元の篤志家によって建立された銅像である。
辞世之碑には辞世と次の説明文が刻まれている。

故森田必勝君（享年二十五歳）は昭和四十五年（一九七〇）十一月二十五日東京都市ヶ谷に於て故三島由紀夫氏と共に憂国の情絶ちがたく命を捧げられた
この壮烈な精神に思いをいたし茲に辞世の句を掲げて
慈照院釋眞徹必勝居士位の御霊にとこしえに哀悼の誠を奉る
昭和五十六年十一月二十五日
元衆議院議員　九鬼紋十郎

森田家の仏間の遺影は、昭和四十五年十月十九日に東條会館で撮影された楯の会の制服姿の写真で、隣には三島の遺影も供えられている。三島の写真は本人によって選ばれたもので、松永清寿撮影の写真である。昭和四十六年一月二十四日に築地本願寺で営まれた葬儀にも同じ写真が使われた。

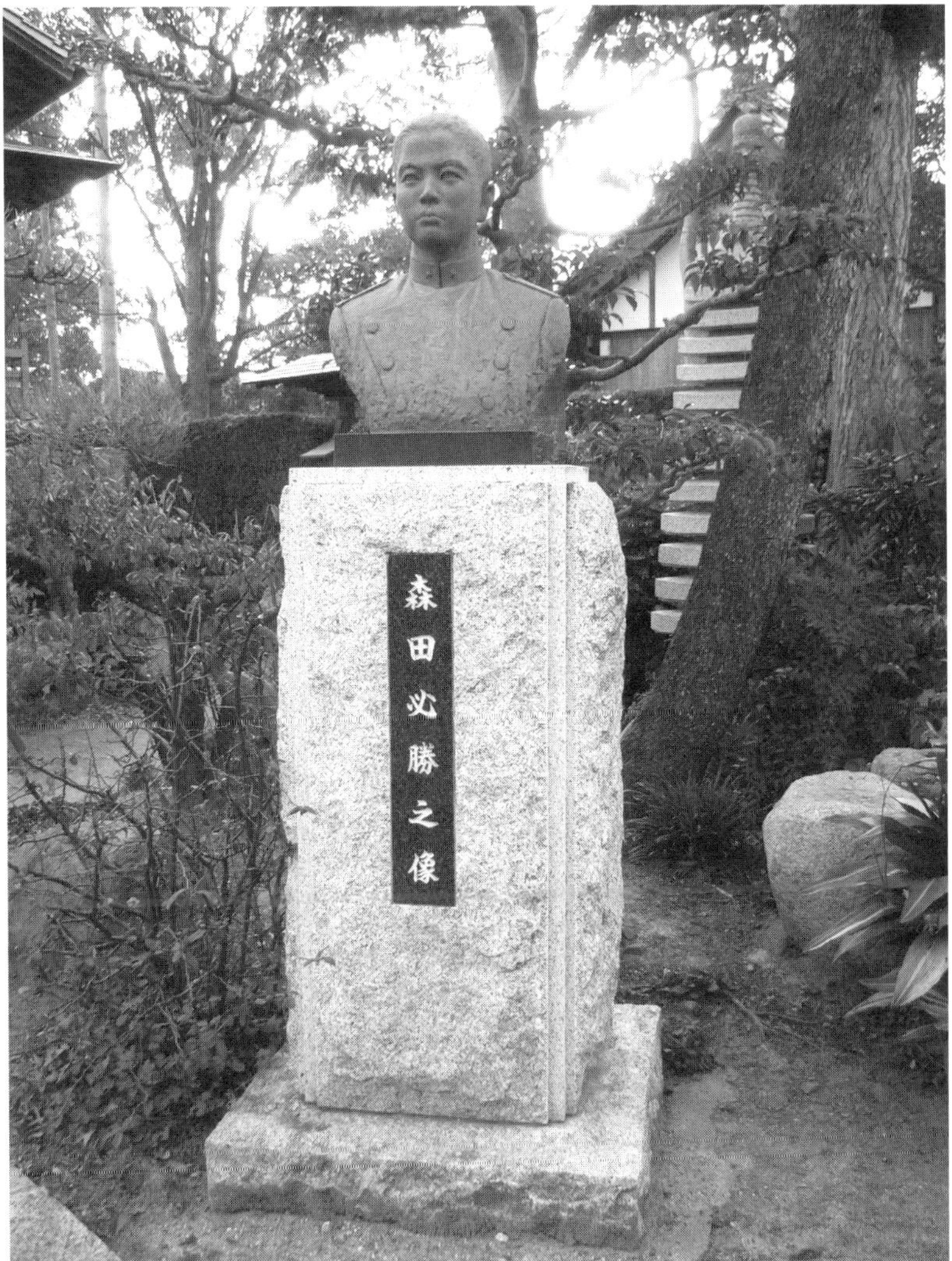

森田必勝之像

三島由紀夫はなぜ死んだか。その理由は、「檄」をはじめ、倉持並びに楯の会々員宛の遺書、伊達・徳岡・ドナルド・キーン宛の遺書や多数の評論、自決の一週間前に行われたインタビューなどに三島自身の言葉で説明がなされている。膨大な著書にも死の謎を解き明かす鍵が隠されているに違いない。また、小林秀雄の「この事件の象徴性とは、この文学者の自分だけが責任を背負い込んだ個性的な歴史経験の創り出したものだ」とする評論をはじめ、おびただしい数の評論が書かれており、種々の角度から検証することが可能である。

それでは、なぜ森田は三島と自決したのか。その理由を、三島は決起にあたって古賀に宛てた「命令書」（一一〇ページ参照）の中で、「森田必勝の自刃は、自ら進んで、楯の会全会員及び現下日本の憂国の志を抱く青年層を代表して、身自ら範を垂れて、青年の心意気を示さんとする」ものと説明している。三島本人がこのように記している以上、これにすぐる解釈はあるまい。

さらに三島は森田の行動を「鬼神を哭かしむる凜烈の行為である」と評し、「三島はともあれ、森田の精神を後世に向って恢弘せよ」と小賀らに命令した。ここで注目すべきことは、三島が森田の死を前提として命じたことである。森田には三島を介錯する任務があり、森田の自決は三島の自刃の後に行われる。したがって、三島は森田の死を確認することはできない。厳格な文学者であった三島が、未来の事象を評したことで、三島は森田の自刃に絶対的な確信を抱いていたことになる。

昭和四十三年三月、自衛隊体験入隊が終った後、森田は三島に「先生のためには、いつでも自分は命を捨てます」と書き送った。また、学生文化フォーラムでは「ぼくは、国のために死にたいと思います」と挨拶している。森田がこれらの言葉が真実であることを証明するには、死を賭す以外に方法はない。

三島は「『楯の会』のこと」の中で、「私は『楯の会』についでは全責任を負うてゐる。それは自分で引受け

葬儀で使われた写真（松永清寿撮影）

三島の葬儀（昭和46年１月24日、築地本願寺）

たものだ。会員が皆死んで私が生き残ることはないだろう」と記している。また前記古賀宛の命令書には、「森田必勝の自刃は、自ら進んで楯の会全会員及び現下日本の憂国の志を抱く青年層を代表して」と書き、森田を「楯の会全会員」の「代表」と認識していたことがわかる。つまり「会員が皆死んで私が生き残ることはないだろう」は、「森田が死んで私が生き残ることはないだろう」と置き換えることができるのだ。

楯の会々員の証言によれば、森田は「ここまで来て三島が何もしなければ俺が三島をやる」と言ったという。この言葉には直接的行為だけでなく、森田が自刃することで、三島にも自刃を要求するという間接的行為も含まれよう。三島の自決は「隊長としての責任上当然のこと」と自ら選択した自刃であったが、森田の自刃を確信したことが三島を自刃に導いたとも考えることができる。

かつて三島は、「覚悟のない私に覚悟を固めさせ、勇気のない私に勇気を与へるものがあれば、それは多分、私に対する青年の側からの教育の力であろう」と書いたことがあった。一人の自刃と二人の自刃では、死の意味も全く異なったものになることは自明である。三島一人の自刃では文学者の死にすぎなかったのだ。したがって「三島由紀夫の自刃」を論じるには、「森田必勝の自刃」を同時に論じることが不可欠となろう。

先に述べたように、三島に関しては膨大な数の作品群と研究書があるけれども、森田に関しては極めて僅かである。本書には森田の幼少期から、早稲田大学、日本学生同盟、楯の会に至る資料と写真を収めた。三島と森田に関心を寄せる方たちが、昭和という時代に森田必勝という青年が生き、祖国日本のために二十五歳の若い命を捧げたことと、その人となりを知る一助になることを願っている。

辞世
今日にかけて
かねて誓ひし我が胸の
思ひを知るは野分のみかは
故森田必勝君享年二十五歳は
昭和四十五年（一九七〇）十一月二
十五日東京都市ヶ谷に於て故三島
由紀夫氏と共に憂国の情絶ちが
たく命を捧げられた
この壮烈な精神に思いをいたし
茲に辞世の句を掲げて
慈照院釈真徹必勝居士位の御霊
にとこしえに哀悼の誠を奉る
昭和五十六年十一月二十五日
元衆議院議員　九鬼紋十郎

辞世之碑

武

森田家の仏間

あとがき

今年は三島由紀夫、森田必勝両烈士の没後五十年である。私は無作為に同業の三十代の医師三十人に対して「森田必勝を知っているか」と尋ねてみたが、「知っている」と答えた者は一人もいなかった。続けて「三島由紀夫を知っているか」と訊いてみると、全員が「知っている」と答えた。

私は中学生の時にテレビで三島事件を見た。三島と森田の自決の報道はあったが、なぜあのような死に方をしたのか、納得のいく説明は得られなかった。そこで、どこかに死の謎を解く鍵が隠されているかもしれないと考え、種々の資料を収集し、これらを分析することで死の謎の解明に迫ろうと考えた。

その過程において、三島担当の編集者を始め、写真家、映画関係者、楯の会々員など多くの人の知遇も得た。ある編集者は楯の会なんかなかったら、三島は死なずにすんだ、と言った。一方、中央公論の嶋中雅子氏は「楯の会は三島由紀夫の内部から生まれ、その中で死んでいった三島さんは幸福だった」と話された。

しかし、いくら資料を解析しても、いつまで経っても謎は謎のまま存在し、解けることがなかった。資料は堆積し、私はいつしか三島由紀夫研究家になってしまった。評論家田中美代子氏は、「私たちはなお旅の途上にあり、その謎を解くために招かれる」と記している。我々が謎を解くために招かれている以上、この謎は永遠に解けないように、三島と森田に仕組まれているのかもしれない。

この評伝は、平成二十八年に「三島由紀夫と森田必勝」として三十二部作成した私家版を大幅に加筆したものである。本書の執筆にあたり、貴重な資料を提供頂き「序文」を頂戴した森田必勝の実兄・森田治氏、また楯の会々員と楯の会関係者の皆様に感謝を捧げます。また刊行の機会を与えてくださった秀明大学学長の川島幸希氏、編集担当の山本恭平氏と戸田香織氏、装幀と組版を担当してくださった真田幸治氏に感謝いたします。

最後に、この本をお読み頂いた皆様に心より御礼を申し上げます。

・引用文は新字・新かなで統一した。
・三島事件当日の写真で撮影者が不明のものがあります。情報をお持ちの方がいらっしゃいましたら、ご教示をいただきたくお願い申し上げます。

著者略歴

犬塚 潔（いぬづか・きよし）

1957年生まれ。東京医科大学卒業。形成外科医、医学博士。三島由紀夫研究家。『三島由紀夫研究』に資料に基づく三島論を発表。著書に『三島由紀夫著『豊饒の海』の装幀の秘密』『三島由紀夫と持丸博』（私家版）などがある。

三島由紀夫と死んだ男
森田必勝の生涯

令和二年十一月一日　初版第一刷印刷
令和二年十一月十日　初版第一刷発行

著者　犬塚 潔
発行人　町田太郎
発行所　秀明大学出版会
発売元　株式会社ＳＨＩ
〒一〇一―〇〇六二
東京都千代田区神田駿河台一-五-五
電話　〇三-五二五九-二一二〇
ＦＡＸ　〇三-五二五九-二一二二
http://shuppan.kai.s-h-i.jp
印刷・製本　有限会社ダイキ

ISBN978-4-915855-40-5